Schöningh

Sachtexte besser verstehen

Ein Leseführerschein für die Klassenstufen 5 bis 10

Von Andreas Müller
unter Mitarbeit von Waltraud Boes

Bildnachweis:
S. 21, 22: OKAPIA/Gerald Cubitt – S. 24: © dpa-Bildarchiv – S. 32: Norbert Simianer, Ostfildern – S. 34: Illustration von Fritz Wendler; aus: Ernst Probst, Deutschland in der Steinzeit © C. Bertelsmann Verlag GmbH, München 1991, in der Verlagsgruppe Bertelsmann – S. 36: Trustees des British Museum, London – S. 38: Archäologisches Museum, Neapel – S. 50: Middelhauve Verlags GmbH, München für Postreiter Verlag – Grisewood & Dempsey Ltd. – S. 101, 105, 111: Schöningh Verlag/Andreas Müller

Sollte trotz aller Bemühungen um korrekte Urheberangaben ein Irrtum unterlaufen sein, bitten wir darum, sich mit dem Verlag in Verbindung zu setzen, damit wir eventuell notwendige Korrekturen vornehmen können.

www.schoeningh-schulbuch.de
Schöningh Verlag, Jühenplatz 1–3, 33098 Paderborn

Druck 6 5 4 / Jahr 2015 14 13
Die letzte Zahl bezeichnet das Jahr dieses Druckes.

Umschlaggestaltung: künkel | büro für gestaltung, Bielefeld / werkzwei.kommunikation, Detmold
Verwendete Fotos:
©iStockphoto.com/Hiob/kentarcajuan/Nikada/ninamalyna
Werler/Thomas K./PHOTOCASE.de
Goetheabbildung:
© und Reproduktion foto-poklekowski
Collage: Katharina Künkel, Bielefeld
Illustrationen: Reinhild Kassing, Kassel
Druck und Bindung: westermann druck GmbH, Braunschweig

ISBN 978-3-14-025215-7

Inhaltsverzeichnis

Modul 4: Schaubilder verstehen

Modul 5: Argumentierende Texte verstehen

Modul 6: Vorträge protokollieren

Modul 7: Portfolioarbeit: Texte lesen – Texte schreiben

Vorwort für Schülerinnen und Schüler

Hallo, ich bin der Textdetektiv. Meine Aufgabe ist es, dir zu helfen, damit du dich besser zurechtfindest. Lies dir dieses Vorwort genau durch und du erfährst, was es mit dem Leseführerschein auf sich hat.

An deiner neuen Schule ist wahrscheinlich vieles anders als in der Grundschule: Es gibt neue Fächer und neue Bücher. Vieles ist komplizierter geworden. Im Deutschunterricht und in den Sachfächern hast du es jetzt oft mit schwierigen Texten zu tun. Da kann man schnell die Lust verlieren, wenn man mit diesen Texten nicht klarkommt. Aber das muss nicht so sein. Der Leseführerschein will das ändern. Wenn du mit ihm arbeitest, wirst du Schritt für Schritt lernen, schwierige Texte so zu lesen, dass du sie verstehst. Damit das alles nicht zu viel wird, ist der Leseführerschein in **acht kleine Portionen** aufgeteilt worden (einen Vorkurs und 7 Module oder Unterrichtseinheiten). Hast du eine Portion ordentlich erledigt, dann bekommst du einen **Führerschein**, in dem steht, welche Fähigkeit du erworben hast.
Los geht das Ganze mit einem kleinen **Vorkurs**. Hier lernst du die wichtigste Lesemethode kennen. Sie heißt Detektivmethode, weil du planvoll wie ein Detektiv vorgehst, um einen schwierigen Text wie einen schwierigen Kriminalfall zu lösen. Mit den folgenden drei Unterrichtseinheiten – wir nennen sie hier im Buch Module – trainierst du jeweils eine wichtige Detektivtechnik.

Im **1. Modul** liegt der Schwerpunkt deiner Arbeit darin, interessante Fragen an den Text zu stellen und die richtigen Antworten zu finden.
Im **2. Modul** lernst du, wie man die wichtigsten Informationen eines Textes erkennt und wie man sinnvoll markiert.
Im **3. Modul** gehst du einen Schritt weiter und lernst, wie man Informationen gliedert, wie man Überschriften und Schlüsselbegriffe gewinnt.
Das **4. Lesemodul** befasst sich mit einer besonderen Textsorte, den Schaubildern. Hier geht es vor allem darum, Zahlen klug zu lesen. In Schaubildern findet man häufig wichtige Informationen, die man braucht, wenn man andere von seiner Meinung überzeugen will. Deshalb befasst sich im Anschluss daran das **5. Modul** mit dem Lesen von argumentierenden Texten.
In der Schule werden viele Informationen nur mündlich vorgetragen. Je älter du wirst, desto öfter erwarten deine Lehrerinnen und Lehrer von dir, dass du wichtige Informationen selbstständig mitschreibst. Auch das muss gelernt werden. Das **6. Modul** zeigt, wie es geht.
Im **7. Modul** werden alle Lesemethoden, die du bislang gelernt hast, in einem Portfolioprojekt noch einmal angewendet.

So, das war's fürs Erste, bis auf einen kleinen **Tipp**:
Lass dich nicht entmutigen. Wenn du deinen Leseführerschein erworben hast und trotzdem mal mit einem Text nicht zurechtkommst, dann muss das nicht unbedingt an dir liegen. Denn manche Texte sind so kompliziert, dass auch ein Erwachsener sich sehr lange mit ihnen aufhalten muss, um herauszufinden, was Wichtiges drinsteht.
Dann gibt es leider auch noch die vielen schlecht geschriebenen Texte. Bei denen nutzt die beste Lesemethode nicht viel. Mit solchen Texten muss man sich zwar ebenfalls lange aufhalten, aber meistens wird man feststellen, dass nichts Wichtiges drinsteht.

Vorwort für Lehrerinnen und Lehrer

Welche Vorteile hat der Leseführerschein?

Sachtexte begegnen Schülerinnen und Schülern in allen Fächern. Viele Schülerinnen und Schüler können zwar fließend lesen, verstehen aber nur Bruchteile dessen, was sie gelesen haben. Offensichtlich verfügen sie nicht über die entsprechenden Techniken und Strategien, die sie brauchen, um den Sinn eines Textes zu verstehen, wichtige Informationen zu erkennen und sie sich schließlich auch zu merken.
Leider hat auch die jüngste PISA-Studie wieder festgestellt, dass zu wenige Schülerinnen und Schüler in Deutschland sinnverstehend lesen können.
Dies zu ändern, ist Aufgabe der Schule.
Der **Leseführerschein** zeigt, wie dies geht:

✓ **effizient,**
✓ **kompetenzorientiert,**
✓ **zielerreichend und**
✓ **ohne große Vorbereitungszeit.**

In jedem Schuljahr erwerben die Schülerinnen und Schüler eine Kompetenz. Die Zielerreichung wird im „Führerschein" vermerkt. In den folgenden Schuljahren wird die erworbene Kompetenz systematisch angewendet und nachhaltig trainiert.

Der **Leseführerschein**

1. **... ist in allen Teilen unterrichtlich erprobt und trainiert systematisch das Lesen von Sachtexten.**
2. ...bietet systematischen Zugriff auf die zentralen Lesemethoden und die dazu passenden grundlegenden Arbeitstechniken.
3. ...ist im Sinne einer curricularen Spirale angelegt. Wichtige Arbeitstechniken werden in jedem Schuljahr, von 5 bis 10, auf jeweils höherem Niveau trainiert.
4. ...bietet die Möglichkeit der Differenzierung durch thematisch gleiche Texte auf drei Schwierigkeitsebenen und ist daher für alle Schularten geeignet.
5. ... bietet schülergerechte und aktuelle Lesetexte.
6. ...bietet abwechslungsreiche Übungen und vielfältige produktive Verfahren.
7. ...bietet kompetenzorientierte Methodensets für jede Klassenstufe der Sekundarstufe I.
8. ...bietet eine komplette Dienstleistung für Lehrerinnen und Lehrer bis hin zu kriterienorientierten Bewertungsbögen für Klassenarbeiten am Ende einer jeden Einheit.
9. ...kann die Grundlage für ein schulisches Qualitätsprogramm im Kompetenzbereich „Lesen" sein.
10. **... ist die umfassende Antwort auf PISA in der Sekundarstufe I.**

Warum gibt es den Leseführerschein?

Die Defizite deutscher Schülerinnen und Schüler im Bereich des sinnverstehenden Lesens sind seit den PISA-Studien bekannt. Der Leseführerschein für die Sekundarstufe I hat sich zum **Ziel** gesetzt, etwas für die Lesekompetenz zu tun. Praxiserprobt wurde das Konzept des Leseführerscheins an der Ludwig-Simon-Realschule Trier. Dort ist der Leseführerschein Teil eines schulinternen Qualitätsprogramms. Beginnend in der Klassenstufe 5 wird zu Beginn eines jeden Schuljahres in allen Klassen ein Modul des Leseführerscheins erarbeitet und im Anschluss die erste Klassenarbeit im Fach Deutsch geschrieben.

Wie setze ich den Leseführerschein im Unterricht ein?

Der **erste Weg**: Der Konzeption liegt ein systematisches Lehrgangskonzept zugrunde: In jedem Schuljahr wird ein Modul des Leseführerscheins erarbeitet. Dies sollte möglichst die erste Unterrichtseinheit im neuen Schuljahr sein, damit die trainierte Lesemethode während des Schuljahres fächerübergreifend genutzt und vertieft werden kann. So erreichen Sie einen hohen Grad an Vernetzung, trainieren im Sinn einer curricularen Spirale Jahr für Jahr auf höherem Niveau und sichern die didaktische Progression.

Der **zweite Weg**: Durch die Modularisierung ist auch die isolierte Verwendung einzelner Module möglich. In diesem Fall muss jedoch das Vorwissen und der Kompetenzstand der Schüler besonders sorgfältig erfragt werden. Außerdem kann eine Vernetzung der Teilaspekte einer umfassenden Lesekompetenz so nur schwer erreicht werden.

Wie gehe ich vor?

Der **Vorkurs** und die **Module 1 bis 3** bilden eine eigene Einheit, denn sie trainieren Teilkompetenzen der zugrunde liegenden Detektivmethode, die sich, anders als die bekannten herkömmlichen Lesemethoden, durch eine stärkere Öffnung zum Schüler hin auszeichnet (Detektivperspektive und Betonung der Möglichkeiten, sich den Text interessant zu machen, also sich mit eigenen Konstrukten in den Rezeptionsprozess einzubringen) und sich einer konstruktivistischen Didaktik verpflichtet fühlt.
Der curriculare Platz dieser Lesemethode liegt in der Orientierungsstufe. Nachdem der *Vorkurs* den Überblick über die Methode erbracht hat, können in den Schuljahren 5, 6 und 7 die Teilkompetenzen *Fragen, Markieren* und *Gliedern* erarbeitet und trainiert werden.
Die Module sind untereinander vernetzt und sollten in der vorgegebenen Reihenfolge erarbeitet werden (Klassenstufe 5 = Schwerpunkt *Fragen,* Klassenstufe 6 = Schwerpunkt *Markieren,* Klassenstufe 7 = Schwerpunkt *Gliedern).* Altersangemessene Klassenarbeiten schließen die Module 1 bis 3 ab. Sie überprüfen die trainierte Teilkompetenz (Klassenstufe 5 = *Fragen beantworten,* Klassenstufe 6 = *Inhaltsangabe eines Sachtextes,* Klassenstufe 7 = *Mindmap erstellen).*
In der Klassenstufe 8 liegen in der Regel die mathematischen Voraussetzungen vor, die es Schülerinnen und Schülern erlauben, in Diagrammen veranschaulichte Prozentzahlen zu verstehen. Deshalb sollte das **Modul 4** nur dann früher erarbeitet werden, wenn die entsprechenden Lernvoraussetzungen (Prozentrechnung) gegeben sind.
Im Deutschunterricht findet in der Klassenstufe 9 traditionell das Erörtern von Sachverhalten und Problemen seine Schwerpunktsetzung. Das **Modul 5** trägt dem Rechnung. Da textgebundene Erörterungen sehr oft die Analyse von Schaubildern als Lesekompetenz voraussetzen, ergibt sich die Abfolge der Module auch aus der Analyse der Lernvoraussetzungen.
Auch Vorträge sind Sachtexte, wenn auch mündlich präsentiert. Sie spielen im Alltag, innerhalb wie außerhalb der Schule, mit Sicherheit eine weitaus größere Rolle als das geschriebene Wort. Dem entspricht in der Regel leider nicht die unterrichtliche Gewichtung. Deshalb ist das vorletzte Modul des Leseführerscheins **(Modul 6)** als Protokollübung angelegt. Es soll auf weiterführende Anforderungen in Beruf, Sekundarstufe II und Studium vorbereiten. Trainiert werden kann an klassischen Lehrervorträgen, wie sie Bestandteil jeden Unterrichts sind. Sollte der Lehrervortrag allerdings zum Training und zur Bewertung in Form einer Klassenarbeit herangezogen werden, dann sollten Sie drei Kriterien, die sich in der Praxis als hilfreich erwiesen haben, nicht aus den Augen verlieren:

1. Der Vortrag muss gut vorbereitet und strukturiert sein.
2. Der Vortrag sollte nicht länger als 15 Minuten dauern.
3. Der Vortrag sollte schülerrelevante Themen behandeln.

Die Portfolioarbeit **(Modul 7)** fasst am Beispiel der Berufswahlvorbereitung alle bislang trainierten Teilkompetenzen des sinnverstehenden Lesens in einem Projekt zusammen:
Portfolioarbeit stellt hohe Anforderungen an das Lesen von Sachtexten und sie fordert Urteilsbildung, weshalb Argumentationskompetenz unverzichtbar ist. Ein gelungenes Portfolio stellt hohe Anforderungen an die Selbstdisziplin und an die Fähigkeit, sich selbst zu kontrollieren, zu regulieren und zielgerichtet zu steuern. Außerdem wird von dem, der ein Portfolio verfasst, auch noch erwartet, dass er all dies in Worte fasst, also metakognitiv agiert. Von daher sollte die Portfoliomethode, wenn man das oben definierte Anspruchsniveau ernst nimmt, in leistungsstarken Klassen frühestens im 9. Schuljahr angeboten werden.

Welche festen Elemente finde ich im Leseführerschein?
Jede Einheit beginnt mit einer **Methodenkarte**, die Strategien und Arbeitstechniken vermittelt.
Nach der Erarbeitung der Lesemethode kann das neu erworbene Strategiewissen mit dem Element **„Hast du die Methode verstanden?“** überprüft werden. Diese Seiten können auch als Test eingesetzt werden.
Die **Werkzeugkisten** erklären wichtige Arbeitstechniken und bieten Übungen an.
Trainingsseiten auf drei verschiedenen Leistungsstufen ermöglichen sowohl differenzierendes Üben als auch die didaktische Progression. Jede Trainingseinheit besteht aus einem Übungstext, auf den die Lesemethode generell angewendet werden sollte, und einem ergänzenden Arbeitsblatt mit abwechslungsreichen Übungen, die auf Textstruktur und Trainingsniveau zugeschnitten sind.
In Erwägung dessen, dass nur das wirklich verstanden ist, was man anderen erklären kann, finden Sie außerdem **Präsentationsmethoden**. Diese erklären die Anforderungen der abschließenden Klassenarbeit und werden ebenfalls von Übungen flankiert.

Ein **Bewertungsbogen**, passend zur Klassenarbeit, erleichtert Ihnen die Bewertung und macht Ihren Schülerinnen und Schülern die Bewertungskriterien transparent. Besprechen Sie die Kriterien im Unterricht und setzen Sie den Bewertungsbogen wie eine Checkliste in den vorgeschalteten Aufsatzwerkstätten ein. So kann jede Schülerin und jeder Schüler ihr/sein individuelles Leistungsprofil erstellen und gezielt für die anstehende Klassenarbeit üben. Den Abschluss jedes Moduls bildet der eigentliche **Leseführerschein**. Er lässt eine differenzierte Einordnung der Lehrgangsleistung für jedes Modul zu. Sie können folgende Leistungen in Ihre Bewertung mit einbeziehen:
1. die Mitarbeit während des Lehrgangs,
2. die Arbeit mit den Lesetexten,
3. die Arbeitsblätter und Hausaufgaben,
4. die Testseiten,
5. die Klassenarbeit.

Sie können jeden Aspekt mit einer Einzelnote bewerten. Aus den Punkten 1 bis 3 können Sie zusätzlich eine Epochalnote ableiten.

Ich wünsche Ihnen und Ihren Schülerinnen und Schülern Freude und Erfolg bei der Arbeit mit dem Leseführerschein.

Andreas Müller

Lesemethode

Hast du die Methode verstanden?

Werkzeugkiste

Training

Arbeitsblatt

Präsentationsmethode

Bewertungsbogen

Abschlussübung

Übersicht – Methodensets

Klasse	Lesemethode	Arbeitstechnik	Präsentationsmethode (mögliche Klassen-arbeit)	Produktive Verfahren	Lerngegenstände (Fachbezug)
5	Detektivmethode Modul I	➢ Fragen	Fragen zum Text beantworten	➢ Lückentexte ausfüllen ➢ richtige Auswahlantworten identifizieren ➢ Antwortstellen suchen ➢ Fragen formulieren ➢ Quiz erstellen ➢ Zuordnungsaufgaben	Saurier (Biologie)
6	Detektivmethode Modul II	➢ Markieren	Inhaltsangabe eines Sachtextes verfassen	➢ Lückentexte ausfüllen ➢ Zuordnungsaufgaben ➢ Detailinformationen markieren ➢ Tabelle ergänzen ➢ Antwortstellen identifizieren	Menschen früher (Geschichte)
7	Detektivmethode Modul III	➢ Gliedern	Mindmap anlegen	➢ Schlüsselstellen finden ➢ Oberbegriffe isolieren ➢ Überschriften bewerten ➢ Textabschnitte erkennen ➢ Überschriften formulieren ➢ Tabelle erstellen	Umweltschutz (Erdkunde)
8	Schaubilder lesen und bewerten Modul IV	➢ Diagramme analysieren	Lexikonartikel erstellen/ Vorträge vorbereiten und halten	➢ Begriffe zuordnen ➢ richtige Auswahlantworten identifizieren ➢ Tabelle ergänzen ➢ Schaubilder als Tabelle wiedergeben	Jugend und Medien (Politik)
9	Argumentierende Texte lesen Modul V	➢ Exzerpieren	ein Problem erörtern	➢ Tabelle ergänzen ➢ Detailinformationen erkennen ➢ Fragen beantworten ➢ Textstellen identifizieren und zitieren ➢ Begründungen erkennen ➢ Gliederungen gestalten	Berufswahl (Politik)
9/10	Vorträge protokollieren Modul VI	➢ Wichtiges mitschreiben ➢ Mitschriften über-arbeiten	Protokoll schreiben	➢ Strukturskizze anfertigen	aktueller Unterrichts-bezug, z. B. Literatur-geschichte (Deutsch)
9/10	Portfolioarbeit Texte im Original lesen – Texte schreiben Modul VII	➢ Arbeitsprozesse planen	Portfolio gestalten	➢ Lückentexte ergänzen ➢ eigene Texte nach Vorlagen verfassen ➢ Tabellen zur Selbststeuerung ausfüllen	Berufswahl (Politik/ Deutsch)

Übersicht – Methoden, Strategien, Techniken und produktive Verfahren

E R A R B E I T E N

Lesemethoden		
• SQ3R • Fünf-Schritt-Lesemethode • Detektivmethode • Gliederungsmethode • Texteinsammelmethode …	• Bilder analysieren • Werbung analysieren • Schaubilder analysieren • Filme analysieren …	• Zahleneinsammelmethode • Textaufgaben lesen …

↓

Lesestrategien		
kursorisch, global	aspektorientiert, selektiv	analytisch, detailliert

↓

Arbeitstechniken		
Fragen: • W-Fragen stellen • Fragen entwickeln • passende Fragen erkennen • Antwortstellen suchen • Antworten zuordnen • Antworten formulieren • Quiz entwickeln …	**Markieren:** • Begriffe klären • Unbekanntes nachschlagen, erfragen • Schlüsselstellen finden • markieren, unterstreichen • Randbemerkungen verfassen • exzerpieren • protokollieren …	**Gliedern:** • Textelemente identifizieren (Überschriften, Textkörper, Bilder, Grafiken, …) • Abschnitte erkennen und zählen • Textauffälligkeiten erkennen (Unterstrichenes, Kursiv-gedrucktes erkennen) • Überschriften erkennen • Überschriften formulieren • Oberbegriffe finden • Unterbegriffe suchen und zuordnen …

↓

V E R A R B E I T E N

Produktive Verfahren	
• Fragen beantworten • anhand von Schaubildern oder Grafiken Sachtexte verfassen • Informationen als Lexikonartikel wiedergeben und zusammenfassen • Stichwortzettel erstellen • Strukturskizze entwerfen • Leserbrief/ Kommentar verfassen • Vorträge vorbereiten • Inhaltsangabe verfassen	• Protokoll anfertigen • Portfolio gestalten • Cluster • Mindmap und Vortrag • Tabellen anlegen • Schaubilder erstellen • Sachtexte zu Diagrammen verarbeiten • Textaufgaben konstruieren …

Lesemethode: Detektivmethode

In dieser ersten Einheit lernst du die Detektivmethode kennen. Die Detektivmethode ist eine Lesemethode. Sie hilft dir beim Lesen schwieriger Sachtexte und zeigt dir, wie du dabei am besten vorgehst. Damit das gut funktioniert, bekommst du Hilfe vom Fachmann: Unser Textdetektiv wird dich unterstützen, wenn du Fragen hast oder etwas nicht verstehst.

Hallo Textdetektiv, schön dich kennenzulernen. Wie viele in meiner Klasse habe ich manchmal Probleme, Texte zu verstehen. Im Moment läuft's gerade in Biologie nicht so gut. Ich habe gehört, du kannst mir da weiterhelfen.

Ja, das kann ich in der Tat. Da gibt es nämlich die sogenannte Detektivmethode. Die kann bei deinem Problem ganz nützlich sein.

Warum heißt sie Detektivmethode? Kannst du mir das erklären?

Selbstverständlich. Zuerst einmal, ohne eingebildet zu sein: Die Methode heißt so, weil sie nach mir benannt worden ist.

Aber es gibt noch einen weiteren Grund, warum die Methode so heißt: Denn das Lesen schwieriger Texte ist eine spannende Detektivarbeit, die jeder erlernen kann.

Bist du sicher, dass das auch auf mich zutrifft? Mir fällt das Lesen von Texten gar nicht leicht.

Natürlich, jeder kann die Methode beherrschen, wenn er will. Allerdings gilt hier dieselbe Regel wie im Sport: Wenn du gut sein willst, musst du regelmäßig trainieren.

1 Lies die Sprechblasen. Hast du ähnliche Erfahrungen mit schwierigen Texten gemacht wie das Mädchen? Sprecht darüber in der Klasse.
2 Lest das Gespräch zwischen Schüler und Detektiv mit verteilten Rollen. Sobald ihr mit den Inhalten vertraut seid, könnt ihr es auch spielen.

Training ist in Ordnung, das mache ich auch in meinem Sportverein ... Ausdauer, Technik am Ball und so weiter. Aber was trainiere ich bei dir?

Unser Training besteht aus vier Schritten, die dir helfen, Sachtexte besser zu verstehen. Diese Schritte müssen wir immer wieder so lange üben, bis jeder Elfmeter sicher im Tor landet.

Was sind das für Schritte?

Die vier Schritte heißen:
1. Ich finde heraus, wovon der Text handelt.
2. Ich mache mir den Text interessant.
3. Ich sammele wichtige Fakten.
4. Ich sichere wichtige Spuren.

Jetzt weiß ich aber immer noch nicht, was ich bei den einzelnen Schritten genau tun muss!

Ja, das stimmt, also schauen wir genauer hin. Blättere um, auf der nächsten Seite erfährst du mehr.

Detektivmethode
Schwierige Sachtexte lesen und verstehen

Die Detektivmethode solltest du immer dann anwenden, wenn du einen schwierigen Sachtext verstehen musst. Deshalb ist es sinnvoll, sich ein Lesezeichen zu basteln, auf dem du alle wichtigen Schritte der Methode nachlesen kannst.

1 Kopiere dazu die Vorlage, schneide sie aus, falte sie in der Mitte entlang der Längslinie und klebe die beiden Rückseiten zusammen.

2 Lies den Text und beantworte die Fragen in den Sprechblasen.

3 Notiere die Schritte der Methode und verschönere dein Lesezeichen mit Farben und Bildern.

Wenn du ein erfolgreicher Textdetektiv werden willst, dann musst du folgendermaßen vorgehen:

Wie kann ich herausfinden, wovon der Text handelt?

1. Schritt:
Der Detektiv verschafft sich einen Überblick und klärt das Thema.

- Falls zu dem Text ein Bild gehört, betrachte ich es aufmerksam und lese die Bildunterschrift.
- Dann überfliege ich den Text. Ich lese die Überschriften und unterstreiche fett oder kursiv gedruckte Wörter. Jetzt kenne ich die Schlüsselbegriffe.
- Ich formuliere folgenden Satz zu Ende: „Der Text handelt von …“ Jetzt kenne ich das Thema.

Wie kann ich mir den Text interessant machen?

2. Schritt:
Der Detektiv macht sich den Text interessant.

- Dazu nehme ich mir einen Moment Zeit und denke darüber nach, was ich bereits über das Thema weiß.
- Dann überlege ich, was ich über das Thema wissen will, und stelle mindestens zwei Fragen, die mich interessieren.
- Jetzt lese ich den Text einmal ganz. Ich überlege, ob der Text meine Fragen beantwortet. Ich notiere Frage und Antwort.

Wie kann ich die wichtigen Informationen erkennen?

3. Schritt:
Der Detektiv sammelt die wichtigen Fakten.

- Der Text hat Abschnitte. Was in einem Abschnitt steht, gehört zusammen. Ich zähle, wie viele Abschnitte der Text hat, und nummeriere sie.
- Ich lese den Text erneut Abschnitt für Abschnitt und unterstreiche die Informationen zu den Schlüsselbegriffen. Dabei achte ich besonders auf Nummerierungen und Aufzählungen.
- Wenn ich etwas nicht verstanden habe, dann schlage ich im Lexikon die Bedeutung unbekannter Wörter nach oder frage jemanden um Rat.

Tipp: Wenn im Text keine Schlüsselbegriffe hervorgehoben sind, dann muss ich für jeden Abschnitt die Frage beantworten: „Wovon handelt der Abschnitt?“ Erst dann kann ich die wichtigen Informationen herausfinden und unterstreichen.

Was muss ich tun, nachdem ich Wichtiges unterstrichen habe?

4. Schritt:
Der Detektiv sichert die wichtigen Spuren.

- Ich notiere die Schlüsselbegriffe des Textes und schreibe dann die wichtigen Informationen in kurzen Sätzen oder Stichworten darunter.
- Ich lese den Text ein drittes Mal und überprüfe, ob meine Notizen auch richtig und vollständig sind. Ich korrigiere und ergänze meine Notizen.

Meine Detektivmethode

1. Schritt:

✓

✓

✓

3. Schritt:

✓

✓

✓

2. Schritt:

✓

✓

✓

4. Schritt:

✓

✓

✓

Hast du die Methode verstanden?

Versetze dich in die Rolle des Textdetektivs. Schreibe in die Kästchen, was du als guter Textdetektiv tust, um schwierige Texte zu verstehen. In manche Lücken musst du zwei Wörter schreiben.
Auf der Seite 14 kannst du nachlesen, ob du als Textdetektiv richtig vorgegangen bist.

1. Schritt:
Der Detektiv verschafft sich einen Überblick und klärt das Thema.

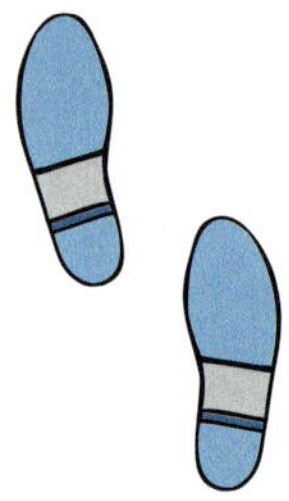

Ich finde heraus, wovon der Text handelt. So gehe ich dabei vor:

Falls zu dem Text ein ____________________ gehört, betrachte ich es aufmerksam und lese die Bildunterschrift. Dann überfliege ich den Text. Ich lese die ____________________ und unterstreiche die fett oder kursiv gedruckten ____________________.

Jetzt kenne ich die ____________________.

Ich formuliere folgenden Satz zu Ende: „____________________

____________________ …"

2. Schritt:
Der Detektiv macht sich den Text interessant.

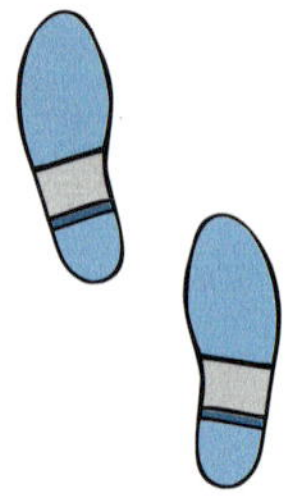

Ich mache mir nun ein Bild von dem, wonach ich suchen muss. Dazu nehme ich mir einen Moment Zeit und ____________________ darüber ____________________, was ich bereits über das Thema weiß.

Ich überlege, was ich über das Thema wissen will, und stelle mindestens ____________________

____________________, die mich interessieren.

Jetzt ____________________ ich den Text ____________________, damit ich einen Überblick bekomme. Ich überlege, ob der Text meine Fragen beantwortet. Ich notiere

____________________ und ____________________.

3. Schritt:
Der Detektiv sammelt die wichtigen Fakten.

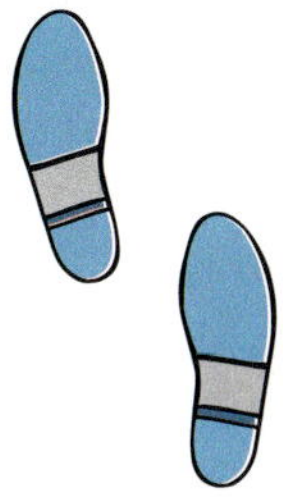

Ein guter Detektiv kann seinen Fall aber nur dann erfolgreich lösen, wenn er den Dingen auf den Grund geht. Jetzt nimmt der Detektiv seine Lupe heraus und schaut ganz genau hin. Und das geht so:

Der Text hat Abschnitte. Was in einem Abschnitt steht, gehört zusammen.

Ich ______________, wie viele Abschnitte der Text hat, und __________________________ sie.

Ich __________________ den Text erneut ____________________ für __________________

und ______________________ die Informationen zu den Schlüsselbegriffen. Dabei achte ich

besonders auf ____________________________ und ______________________________.

Wenn ich etwas nicht verstanden habe, dann schlage ich im ______________________________

die Bedeutung unbekannter Wörter nach oder frage jemanden um Rat.

4. Schritt:
Der Detektiv sichert die wichtigen Spuren.

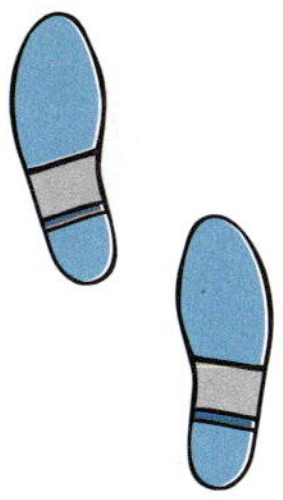

Auch der beste Detektiv kann sich nicht immer alles merken. Deshalb nimmt er sich die Zeit, um in Ruhe festzuhalten, was er bislang herausgefunden hat.

Ich notiere die ____________________________________ des Textes und schreibe dann die

____ in kurzen Sätzen oder Stichworten darunter.

Ich ____________________ den Text ein drittes Mal und überprüfe, ob meine Notizen auch richtig und vollständig sind.

Ich ________________________ und __________________________ meine Notizen.

Detektivmethode
Schwerpunkt „Fragen“

In dieser Unterrichtseinheit lernst du
- interessante Fragen zu einem Text zu stellen,
- Antwortstellen im Text zu finden,
- Fragen schriftlich zu beantworten.

So arbeitest du mit den folgenden Texten (Training Level A bis C):
1. Lies den Text mithilfe der Detektivmethode.
2. Bilde Fragen zum Text. Orientiere dich dabei an den fett gedruckten Schlüsselbegriffen.
3. Notiere alle Antworten, die der Text dir gibt.
4. Sprich mit deiner Klasse über deine Fragen und Antworten.

Wenn du ein erfolgreicher Textdetektiv werden willst, dann musst du folgendermaßen vorgehen:

2. Schritt:
Der Detektiv macht sich den Text interessant.
- Ich mache mir nun ein Bild von dem, wonach ich suchen muss.
- Dazu nehme ich mir einen Moment Zeit und überlege, was ich bereits über das Thema weiß.
- Dann überlege ich, was ich über das Thema wissen will, und stelle mindestens zwei Fragen, die mich interessieren.
- Jetzt lese ich den Text einmal ganz, damit ich einen Überblick habe.
- Ich überlege, ob der Text meine Fragen beantwortet.

Wenn du dir Fragen zu einem Sachtext überlegst, dann hat dies zwei Vorteile:
1. Vorteil:
Fragen machen dir den Text interessant, weil du dann weißt, nach welchen Informationen du suchen willst.
2. Vorteil:
Fragen helfen dir, Ordnung in die Informationen des Textes zu bringen.

Mit den Fragewörtern der Materialkiste wird es dir leichtfallen, interessante Fragen zu den Übungstexten auf den folgenden Seiten zu bilden. Allerdings passen nie alle Fragewörter zu einem Text. Deshalb musst du für jeden Text aufs Neue passende Fragewörter auswählen.

Materialkiste: „Fragewörter"

wer, wann, warum, wo, wozu, wie, wovon, was, weshalb, wie viel, welche, …

Mit diesen sechs Favoriten kannst du die Top-Aussagen eines Textes erfassen:
- Wer?
- Was?
- Wie?
- Wann?
- Wo?
- Warum?

Lies den 2. Schritt der Detektivmethode und beantworte folgende Fragen:

1. Was tut der Textdetektiv, sobald er das Thema kennt?

Er macht sich den Text ______________________.

2. Wie geht er dabei vor?

Er macht sich ein Bild von dem, wonach er suchen muss.

Dazu nimmt er sich ______________________

____

Dann überlegt er, ______________________

____

____

Jetzt ______________________

____

____

Training Level A

Wende die vier Schritte der Detektivmethode an!

1 Stell zu den fett gedruckten Schlüsselwörtern Fragen und beantworte sie.

2 Überprüfe dein Wissen. Lass deinen Banknachbarn dir Fragen zum Text stellen. Weißt du die Antwort nicht, lies im Text nach.

Das Zeitalter der Saurier

Der Film „Jurassic Park" hat sie in aller Welt berühmt gemacht: den kleinen, wendigen und intelligenten **Velociraptor**, den mächtigen **Tyrannosaurus** und den über 20 m langen friedlichen Pflanzenfresser **Brachiosaurus**. Diese Tiere haben tatsächlich gelebt, allerdings lange vor unserer Zeit, im Erdmittelalter.

Welche drei Saurierarten wurden durch den Film „Jurassic Park" berühmt?

Antwort: ______________________________

____

Davon wissen die Menschen erst etwas, seitdem im 19. Jahrhundert Forscher erstmals fossile Knochen großer Saurier fanden. **„Fossil"** bedeutet: Die Funde sind so alt, dass von den Tieren nur zu Stein gewordene Reste übrig blieben.

Frage: ______________________________

____

Antwort: ______________________________

____

Vor Kurzem wurde in Amerika das Skelett eines 50 m langen Sauriers ausgegraben. Die Ausgräber nannten ihn **Seismosaurus**, Erdbebensaurier. Er war das größte Tier aller Zeiten.

Frage: ______________________________

____

Antwort: ______________________________

____

Die größte **Sauriergruppe** waren die Dinosaurier, die auf dem Land lebten. Es gab auch Flugsaurier und Meeressaurier.

Frage: ______________________________

____

Antwort: ______________________________

____

Fast 150 Millionen Jahre lang waren die Saurier die beherrschende Tiergattung. Dann starben sie aus. Über die Ursachen gibt es nur begründete Vermutungen. Vielleicht spielten **Umweltveränderungen** eine Rolle: Durch kälteres Klima gab es vielleicht nicht mehr genug Pflanzennahrung. Vielleicht verursachte der Einschlag eines riesigen Meteoriten aus dem All eine weltweite Katastrophe, der die Saurier zum Opfer fielen.

(Aus: Kaiser, Georg (Hrsg.): Stark in Gesellschaftslehre I, Verlag Schroedel 2000, S. 72 verf. von Bernd Winkelmann)

Frage: ______________________________

____

Antwort: ______________________________

____

Tipp: Benutze Fragewörter aus dem Materialkasten.

Arbeitsblatt Level A
Richtige Antworten finden

1 Kreuze die richtigen Antworten an.
2 Hast du andere Fragen gestellt, dann verfasse eigene Ankreuz-Aufgaben.

Welche Antwort stimmt?

1. *In dem Text werden vier Saurierarten beim Namen genannt. Welche vier Saurierarten sind es?*
   A Velociraptor, Tyrannosaurus, Brontosaurus, Seismosaurus ☐
   B Velociraptor, Tyrannosaurus, Brachiosaurus, Seismosaurus ☐
   C Oviraptor, Tyrannosaurus, Brachiosaurus, Velociraptor ☐
   D Seismosaurus, Tyrannosaurus, Brontosaurus, Oviraptor ☐

2. *Wie heißt das größte Tier aller Zeiten?*
   A Dinosaurier ☐
   B Tyrannosaurier ☐
   C Seismosaurier ☐
   D Brachiosaurus ☐

3. *Der Begriff „Fossil" bedeutet ...*
   A getrocknete Überreste von Tieren ☐
   B ausgestorbene Tierart ☐
   C zu Stein gewordener Rest eines Tieres ☐
   D Pflanze oder Tier aus der Steinzeit ☐

4. *Welcher Begriff bezeichnet keine Sauriergruppe?*
   A Dinosaurier ☐
   B Laufsaurier ☐
   C Meeressaurier ☐
   D Flugsaurier ☐

5. *Warum starben die Saurier wahrscheinlich aus?*
   A Ein Meteoriteneinschlag führte zu weltweiten Umweltveränderungen. ☐
   B Sie fanden kein Wasser mehr. ☐
   C Sie wurden von anderen Tierarten gefressen. ☐
   D Sie pflanzten sich nicht mehr fort. ☐

Training Level B

Wende die vier Schritte der Detektivmethode an.

Saurier sind ausgestorbene Kriechtiere

[...] Im 19. Jahrhundert wurden erstmals fossile Knochen großer Saurier gefunden. Dabei stellte sich heraus, dass manche **Saurier** viel größer und schwerer gewesen sein müssen als die größten heute lebenden Landtiere. Erst vor Kurzem wurde in Amerika das Skelett eines fast 50 m langen Sauriers ausgegraben. Dieser Seismosaurus (Erdbebensaurier) gilt als größtes Tier aller Zeiten.

Saurier kamen in allen Lebensräumen vor, die heute vor allem von Säugetieren und Vögeln bewohnt werden. Die größte und bekannteste **Sauriergruppe** sind die Dinosaurier, die vorwiegend auf dem Land lebten. Ihre Körperoberfläche war gut gegen Wasserverlust geschützt, sodass die Tiere auch in trockenen Gebieten überleben konnten. Die meisten Dinosaurier waren **Pflanzenfresser**. Zu dieser Gruppe gehörten viele Riesenformen. Ein Brachiosaurus benötigte täglich eine halbe Tonne Nahrung, [...]

Kleiner als die riesigen Pflanzenfresser waren die meisten fleischfressenden Saurier. Von ihnen war der 14 m lange und 7 Tonnen schwere Tyrannosaurus der größte. Der 1,5 m lange Kopf hatte mächtige Kiefer mit bis zu 18 cm langen spitzen Zähnen. Wahrscheinlich jagte Tyrannosaurus pflanzenfressende Saurier, vielleicht fraß er zusätzlich auch Aas. Ein anderer großer **Raubsaurier** war der Allosaurus.

Aus versteinerten Fußspuren weiß man, dass viele pflanzenfressende Dinosaurier und auch manche kleinere Raubsaurier in Herden lebten. Die großen Raubsaurier waren wahrscheinlich Einzelgänger.

Zum **Schutz** gegen Feinde hatten manche Dinosaurier einen Panzer aus Knochenplatten unter der Haut, ähnlich wie die heutigen Krokodile. Einige trugen zudem spitze Stacheln oder Dornen auf der Haut. Bei manchen war das Schwanzende zu einer Art Keule verdickt, mit der die Tiere wahrscheinlich kräftige Schläge austeilen konnten.

In allen Dinosauriergruppen gab es neben vierfüßigen **Arten** auch solche, die nur auf den Hinterbeinen liefen und deshalb verhältnismäßig kleine Vordergliedmaßen hatten. Aus der Lage der Hinterbeine kann man ersehen, dass diese Tiere beim Laufen eine ähnliche Körperhaltung einnahmen wie die heutigen Vögel.
Wie alle Kriechtiere legten Dinosaurier zur **Fortpflanzung** Eier ab. Von einigen Arten weiß man, dass sie ihr Gelege bewachten und nach dem Schlüpfen ihr Jungtier betreuten.

Saurier gab es auch in der Luft und im Meer. Flugsaurier und Meeressaurier waren nahe **Verwandte** der Dinosaurier.

(Aus: Dobers, Joachim u. Rabisch, Günther: Erlebnis Biologie 1, Schroedel 1999, S. 96)

Arbeitsblatt Level B
Quizfragen entwickeln

Nachdem du den Text gelesen hast, kannst du Fragen stellen, die ein guter Textdetektiv dann beantworten kann. Mit solchen Quizkärtchen kannst du spielerisch lernen und hast dabei eine Menge Spaß.
So gehst du am besten vor:
1 Kopiere die Seite und schneide die Quizkärtchen aus. Falte sie entlang der Faltlinie.
2 Schreibe auf die Vorderseite deine Fragen. Auf die Rückseite der Karteikarten schreibst du die richtigen Antworten.
Tipp: Mit den anderen Texten kannst du genauso verfahren.

Wann wurden erstmals fossile Knochen großer Saurier gefunden? (Vorderseite)	Das war im 19. Jahrhundert. (Rückseite)
Wovon ernährten sich die meisten Dinosaurier? (Vorderseite)	______ ______ ______ (Rückseite)
______ ______ ______ (Vorderseite)	______ ______ ______ (Rückseite)

Wende die vier Schritte der Detektivmethode an.

Warum sind die Dinosaurier ausgestorben?

Das Ende der Dinosaurier ist eines der großen Rätsel der Wissenschaft. Unzählige Dinoforscher haben jahrelang darüber nachgedacht, ohne es lösen zu können. Einige meinten, die Dinosauriereier seien zu dick geworden. Die Dinoküken hätten sie nicht aufpicken können und seien in ihren Eiern verhungert. Andere meinten, die Eierschalen seien zu dünn geworden und hätten die Küken nicht mehr ausreichend geschützt. Doch keine dieser **Theorien** konnte das Ende der Dinos erklären. Die Dinosaurier waren die größten und stärksten Tiere.
Warum sollten sie aussterben?

Ein Brachiosaurus wurde groß wie ein Kirchturm und wog so viel wie 20 erwachsene Elefanten. Ein Supersaurus erreichte die Länge eines Freibads, und wenn er sich bewegte, bebte die Erde. Was sollte ihn erschüttern? Der Tyrannosaurus Rex war eine Bestie mit einem Kopf so groß wie ein Kalb und dolchartigen, spitzen Zähnen. Jeder einzelne Zahn war so lang wie ein Brotmesser. Er besaß ungeheuer starke Muskeln und konnte schneller laufen als ein Goldmedaillengewinner im Hundertmeterlauf. Kein heutiges Tier, kein Tiger, kein Löwe, kein Elefant hätte gegen ihn auch nur den Hauch einer Chance gehabt. Was sollte ihn besiegen?

Und doch starben die Dinosaurier aus. Irgendwann in der **späten Kreidezeit**, viele Millionen Jahre, bevor die ersten Menschen auf der Erde auftauchten, wurden sie weniger, und vor ungefähr 65 Millionen Jahren verschwanden sie ganz. [...]

Es hat mindestens eine Million Jahre gebraucht, bis die riesigen Echsen ausgestorben waren. Aber irgendwann waren sie weg. Pflanzenfresser und Jäger, Flugsaurier, sogar die Ichthyosaurier im Meer.

Man weiß immer noch nicht so ganz genau, warum die Saurier ausstarben und die Krokodile oder Schildkröten überlebten. Aber man weiß, dass es mit vielen dramatischen **Veränderungen der Umwelt** zusammenhing. So wurde es allmählich kühler auf der Erde. Zwar hatten die Saurier gelernt, genau wie die Säuger ihre Körpertemperatur einigermaßen stabil zu halten. Doch taten sie sich damit wahrscheinlich recht schwer. Möglicherweise konnten sie Wärme nur gut speichern, aber nicht selbst erzeugen.
Hinzu kam, dass es für die Saurier nicht mehr so viel Futter gab wie früher, weil die Pflanzen in kalten Zeiten nicht mehr so üppig wachsen. Außerdem sank am Ende des Erdmittelalters der Meeresspiegel, was viele Auswirkungen auf das Klima hatte, und es brachen überall Vulkane aus. Schwefelwolken zogen über die Erde, wodurch es zunehmend kühler wurde. Und sicher gab es noch weitere Gründe.

Für viele Saurierforscher war der **Hauptgrund** für den Untergang allerdings ein Meteorit, der vor 65 Millionen Jahren auf der Erde einschlug. [...] Für die Saurier, die schon lange um ihr Überleben kämpften, bedeutete der Aufprall des Meteoriten das endgültige Aus. [...]

(Aus: Janssen, Ulrich und Steuernagel, Ulla: Die Kinder-Uni 1. Forscher erklären die Rätsel der Welt, Deutscher Taschenbuchverlag 2005, S. 14 ff.)

Der Barringer-Krater in Arizona.
Überreste eines Asteroideneinschlags vor ca. 45 000 Jahren

Arbeitsblatt Level C
Fragen beantworten

1 Lies den Text und ordne die Textbausteine mithilfe von Pfeilen den Fragen zu.
2 Beantworte die Fragen in ganzen Sätzen. Benutze dazu die Textbausteine.

1. **Wann starben die Saurier aus?**
   Die Saurier starben vor etwa 65 Millionen Jahren aus.

2. **Wie lange dauerte es, bis die Saurier ausgestorben waren?**

3. **Welche Umweltbedingungen führten zum Aussterben der Dinosaurier?**

4. **Welche Umweltkatastrophe bedeutete das endgültige Aus für die Dinosaurier?**

5. **Mit welchen beiden Theorien versuchten Wissenschaftler früher, das Aussterben der Dinosaurier zu erklären?**

Textbausteine:

- etwa eine Million Jahre
- Erde wurde kühler
- vor etwa 65 Millionen Jahren
- Eierschalen wurden zu dünn, kein Schutz für Küken
- Futter wurde knapp
- Aufprall eines Meteoriten
- Meeresspiegel sank
- Eierschalen wurden zu dick, Küken konnten nicht mehr schlüpfen
- Vulkane brachen aus

Abschlussübung zur Vorbereitung der Klassenarbeit

Fragen zu einem Sachtext beantworten

So arbeitest du mit dem folgenden Text:

1. Lies den Text mithilfe der Detektivmethode.
2. Ordne die Fragen aus dem Kästchen den fett gedruckten Schlüsselbegriffen zu. Schreibe dazu die Frage in die linke Spalte und zeichne einen Pfeil zur Textstelle, welche die Frage beantwortet. Unterstreiche die Textstelle.
3. Notiere alle Antworten, die der Text dir gibt, in verständlichen Sätzen.
4. Sprich mit deiner Klasse über jene Fragen, auf die du im Text keine Antworten gefunden hast.

1. Interessante Fragen stellen

Frage 1: Was heißt der Name „Dinosaurier“ übersetzt?

2. Lesen

Was sind Dinosaurier?

Dinosaurier lebten vor vielen Millionen Jahren, genauer gesagt: Die ersten Dinosaurier lebten vor 225 Millionen Jahren, die letzten starben vor 65 Millionen Jahren. Die Zeit, in der die Dinosaurier lebten, nennen die Wissenschaftler das „Erdmittelalter“. Der **Name** „Dinosaurier“ heißt übersetzt **„schreckliche Echse“**. Der Wissenschaftler David Norman hat **4 Merkmale** aufgelistet, die für Dinosaurier zutreffen:

1. Alle Dinosaurier lebten nur im **Erdmittelalter**, also von vor 225 Millionen Jahren bis vor 65 Millionen Jahren. Alle Tiere, die früher oder später gelebt haben, sind also keine Dinosaurier.

2. Alle Dinosaurier waren **Reptilien**. Vögel und Säugetiere gehören nicht zu den Dinosauriern, ebenso wenig Insekten, Spinnen und Amphibien.

3. Alle Dinosaurier lebten auf dem **Land**. Es gab keine fliegenden Dinosaurier und keine, die im Wasser lebten.

4. Alle Dinosaurier hatten die **Beine** unter dem Körper wie die Säugetiere und nicht abstehend wie die Krokodile. Obwohl die Krokodile auch schon im Erdmittelalter gelebt haben, sind sie wegen dieses Merkmals keine Dinosaurier.

(Quelle: www.dinosaurier-interesse.de, Download vom 07.01.2007, zit. n. www.medienwerkstatt-online.de)

1. Was heißt der Name „Dinosaurier“ übersetzt?
2. Was unterscheidet Dinosaurier und Krokodile?
3. Wo lebten alle Dinosaurier?
4. Warum sind Krokodile keine Dinosaurier?
5. Zu welcher Tiergattung gehören Dinosaurier?
6. Wann lebten die Dinosaurier?
7. Wie heißt das Erdzeitalter, in dem die Dinosaurier lebten?
8. Welche vier Merkmale treffen auf Dinosaurier zu?
9. Welche Tierarten gehören nicht zu den Dinosauriern?

3. Antworten notieren

Zu 1: Der Name heißt übersetzt „schreckliche Echse“.

Zu 2: ______________________________

Zu 9: ______________________________

Bewertungsbogen Klassenarbeit

Sachtexte mit der Detektivmethode lesen und Fragen zum Text schriftlich beantworten

Bewertungsmerkmale	☺	😐	☹
Zur Detektivmethode:			
Hast du die Schritte der Detektivmethode angewendet?			
Zur Beantwortung der Fragen:			
Wie viele Fragen hast du beantwortet?	______ von ______		
Stehen alle wichtigen Informationen in deinen Antworten?			
Hast du auf eine gut verständliche Sprache geachtet?			
Hast du leserlich geschrieben und auf eine schöne Form geachtet?			
Zum Lernverhalten:			
Hast du konzentriert gearbeitet?			

Das ist dir besonders gut gelungen:

1. ______________________________

2. ______________________________

Das musst du in Zukunft besser machen:

1. ______________________________

2. ______________________________

1	2	3	4	5	6	Φ	Σ

______________ **Datum:**

______________ **Note:**

______________ **Unterschrift:**

Leseführerschein

Modul 1 | Detektivmethode – Schwerpunkt „Fragen“

Der Textdetektiv / Die Textdetektivin

____________________ ____________________

Vorname Name

kann die Detektivmethode sicher auf Texte

des Übungslevels ____ anwenden.

(A, B, C)

Er/Sie hat folgende Arbeitstechniken und Fähigkeiten besonders intensiv trainiert:

1. Er/Sie kann sich einen Überblick verschaffen, dabei das Thema erkennen und es formulieren.
2. Er/Sie kann sinnvolle Fragen zum Text stellen.
3. Er/Sie kann gezielt nach Antworten auf Fragen suchen und sie selbstständig formulieren.

____________________ ____________________

Ort, Datum

Unterschrift des Deutschlehrers/ der Deutschlehrerin

Detektivmethode
Schwerpunkt „Markieren“

Im sechsten Schuljahr werden die Texte, die du lesen und verstehen musst, allmählich immer umfangreicher. Deshalb ist es wichtig, die *Detektivmethode* weiter zu trainieren. Weil du nie alle Informationen eines Textes benötigst, liegt dein neuer Lernschwerpunkt in dieser Einheit darin, wichtige Informationen zu erkennen und zu markieren.
Lies diese Doppelseite aufmerksam durch. Jetzt kannst du die Lücken in dem Gespräch zwischen dem Jungen und dem Textdetektiv auf der nächsten Doppelseite ausfüllen.

3. Schritt:
Der Detektiv sammelt die wichtigen Fakten.
Ein guter Detektiv kann seinen Fall aber nur dann erfolgreich lösen, wenn er den Dingen auf den Grund geht. Jetzt nimmt der Detektiv seine Lupe heraus und schaut ganz genau hin. Und das geht so:

- ✓ Der Text hat Abschnitte. Was in einem Abschnitt steht, gehört zusammen. Ich zähle, wie viele Abschnitte der Text hat, und nummeriere sie.
- ✓ Ich lese den Text erneut Abschnitt für Abschnitt und unterstreiche die Informationen zu den Schlüsselbegriffen. Dabei achte ich besonders auf Nummerierungen und Aufzählungen.
- ✓ Wenn ich etwas nicht verstanden habe, dann schlage ich im Lexikon die Bedeutung unbekannter Wörter nach oder frage jemanden um Rat.

Tipp: Wenn im Text keine Schlüsselbegriffe hervorgehoben sind, dann muss ich für jeden Abschnitt die Frage beantworten: „Wovon handelt der Abschnitt?“ Erst dann kann ich die wichtigen Informationen herausfinden und unterstreichen.

Werkzeugkiste „Markieren"

So arbeitest du mit dem folgenden Text:
1. Überfliege den Text und finde heraus, wovon der Text handelt.
2. Notiere Fragen, die dich interessieren.
3. Lies den Text Abschnitt für Abschnitt und notiere die Schlüsselbegriffe.
4. Lies den Text erneut und unterstreiche, was über die Schlüsselbegriffe ausgesagt wird. Achte dabei auf die *Markierungsregeln*.
5. Schreibe wichtige Informationen zu den Schlüsselbegriffen heraus und stelle sie der Klasse vor.

TIPP: Arbeite mit den Trainingstexten (Level A, B, C) genauso.

Wer klug markiert, hat einige Vorteile.

1. Du sparst Zeit und Arbeit!
In der Regel musst du einen Text mehrmals lesen, bis du ihn verstanden hast. Markierungen erleichtern das mehrfache Lesen, weil die wichtigen Textstellen sofort ins Auge springen. Mithilfe guter Markierungen kannst du den Text überfliegen und gezielt nach bestimmten Informationen suchen. Du musst nicht für jede Information, die du suchst, den Text erneut ganz lesen.

2. Du verstehst den Text besser!
Wenn du Textstellen markierst, denkst du dabei über den Text nach. Du überlegst, welche Informationen bedeutsam sind und welche Informationen nicht so wichtig sind.

3. Du merkst dir die Informationen besser!
Wenn du Textstellen markierst, tust du etwas mit dem Text. Das was du selbst getan hast, merkst du dir viel besser als das, was du nur siehst oder von anderen erzählt bekommst.

Das funktioniert allerdings nur, wenn du dich an bestimmte Regeln hältst.

1. Markiere sparsam!
Markieren heißt „Hervorheben". Diese Wirkung erreichst du aber nur, wenn du so sparsam wie möglich markierst. Nur dann springen dir die wichtigen Textstellen ins Auge.
Markiere deshalb nur einzelne Wörter oder kleine Wortgruppen.
Nur in Ausnahmefällen solltest du eine ganze Zeile oder einen ganzen Satz unterstreichen.

2. Markiere zweifarbig!
Es ist sinnvoll, beim Markieren nur zwei Farben zu benutzen.
Lege eine Farbe fest, mit der du immer die eigentlichen Schlüsselbegriffe markierst. Die Informationen zu den einzelnen Schlüsselbegriffen solltest du mit der anderen Farbe markieren.

Werkzeugkiste
Übung „Markieren“

Wer waren die Kelten?

Die Bezeichnung Gallier oder Galli stammt von den Römern. Wir kennen dieses Volk unter dem Namen **Kelten**. Diese Bezeichnung leitet sich wiederum vom griechischen Wort *Keltoi* ab, was „die Erhabenen“, „die Tapferen“ bedeutet. Von ungefähr 1200 v. Chr. bis etwa Christi Geburt siedelten die Kelten in weiten Teilen West-, Mittel-, Südeuropas und Kleinasiens und eben auch in Bayern. In diesen rund 1000 Jahren, die man auch als **keltisches Jahrtausend** bezeichnet, vollzog sich die Entwicklung von der Bronzezeit zur Eisenzeit. [...]

Rekonstruktion des Fürstengrabs von Hochdorf

Die Kultur der Kelten

Einen keltischen Staat, ein keltisches Volk gab es nie, wohl aber zahlreiche Stämme mit ähnlicher **Kultur**. Alle Vertreter dieser besonderen Kultur bezeichnen wir heute als Kelten. Die einzelnen Stämme wurden von Häuptlingen regiert. In den **Sagen** ist auch von Königen die Rede. Vielleicht habt ihr von König Artus und den Rittern der Tafelrunde gehört – sie lebten, liebten und kämpften im heutigen England, das damals auch Keltenland war. Ob es einen König Artus jemals gegeben hat, wissen wir nicht. Die Geschichten sind auf jeden Fall wunderschön und sehr spannend.

(Aus: http://www.archaeologie-bayern.de/start.html, Download vom 31.01.2008)

Schlüsselbegriff: „Kelten“
Wichtige Informationen:
- Kelten heißen bei den Römern Gallier oder Galli.
- Kelten heißen bei den Griechen Keltoi. Das heißt „die Erhabenen“, „die Tapferen“.

Schlüsselbegriff: „keltisches Jahrtausend“
Wichtige Informationen:

____

____

____

____

____

Schlüsselbegriff: „______________________________“
Wichtige Informationen:

____

____

____

____

____

Schlüsselbegriff: „______________________________“
Wichtige Informationen:

____

____

____

____

____

Hast du die Methode verstanden?

Wenn du alle Lücken des Textes richtig ausfüllen kannst, dann weißt du, was du beim Markieren schwieriger Texte beachten musst.

Der Detektiv sammelt wichtige Fakten.
Ein guter Detektiv kann seinen Fall nur dann erfolgreich lösen, wenn er den Dingen auf den Grund geht. Jetzt nimmt der Detektiv seine Lupe heraus und schaut ganz genau hin. Und das geht so:

- Der Text hat Abschnitte. Was in einem ____________________ steht, gehört zusammen.

  Ich __________________, wie viele Abschnitte der Text hat, und nummeriere sie.
- Ich ____________ den Text erneut Abschnitt für Abschnitt und ____________________

  die Informationen zu den Schlüsselbegriffen.
- Dabei achte ich besonders auf ____ und

  ____.
- Wenn ich etwas nicht verstanden habe, dann schlage ich im ____________________

  die Bedeutung unbekannter Wörter nach oder _______________ jemanden um Rat.

Das funktioniert allerdings nur, wenn ich mich an bestimmte Regeln halte.

1. Ich markiere ________________________________!

   Markieren heißt „Hervorheben“. Diese Wirkung erreiche ich aber nur, wenn ich so sparsam wie möglich markiere. Nur dann springen mir die ____________________________

   Textstellen ins Auge.

   - Ich markiere deshalb nur einzelne oder kleine ____________________________.
   - Nur in Ausnahmefällen unterstreiche ich eine ganze Zeile oder einen ganzen Satz.
2. Ich markiere zweifarbig!

   Es ist sinnvoll, beim Markieren nur ____________________ Farben zu benutzen.

   Ich lege eine Farbe fest, mit der ich die ________________________________ markiere.

   Die Informationen zu den Schlüsselbegriffen markiere ich mit der anderen __________.

Vom Jäger und Sammler zum Bauer und Viehzüchter

Vor etwa 10000 Jahren begann sich das Leben der Menschen langsam zu ändern: Aus Jägern und Sammlern wurden Bauern und Viehzüchter. Ursache hierfür war ein natürlicher Klimawandel. Die letzte Eiszeit endete und es wurde immer wärmer auf der Erde. Dies hatte Auswirkungen auf die Tier- und Pflanzenwelt. Gras und Getreide wuchs nun reichlich. Vermutlich waren es die Frauen, die anfingen, Felder anzulegen. Andererseits starben Großtierarten wie das Mammut aus, was es den Jägern immer schwerer machte, genügend Fleisch für das Überleben der Sippe heranzuschaffen. Etwa 3000 Jahre dauerte es, dann hatten die meisten Menschen in Europa ihre **Lebensweise** geändert und waren sesshaft geworden.

Rekonstruktion einer jungsteinzeitlichen Siedlung

Das Leben als Bauer und Viehzüchter veränderte den **Alltag** der Menschen. Die Ackerflächen mussten während des ganzen Jahres gepflegt werden und um das Vieh musste man sich auch jeden Tag kümmern. Die Menschen mussten lernen, Zäune und Ställe zu bauen, um ihr Vieh und ihrer Felder vor wilden Tieren zu schützen. Zum ersten Mal in der Geschichte der Menschheit bauten die Menschen dauerhafte Häuser. Das Leben in Höhlen, Hütten und Zelten gehörte nun der Vergangenheit an.

All diese Veränderungen nennen die Wissenschaftler „jungsteinzeitliche Revolution“. Ihre **Folgen** waren weitreichend. Weil die Menschen mehr Lebensmittel produzierten, als sie unmittelbar benötigten, erhöhte sich die Lebenserwartung der Menschen. Vor allem Frauen lebten länger. Die Bevölkerung in Europa wuchs langsam. Doch die Nahrungsumstellung von Fleisch auf Getreide hatte auch einen schwerwiegenden Nachteil: Ganz Europa hatte Karies und wahrscheinlich schlimme Zahnschmerzen.

(Autorentext)

Wende die vier Schritte der Detektivmethode an.

Schlüsselbegriff: „Lebensweise“
Wichtige Informationen:

Schlüsselbegriff: „______________________“
Wichtige Informationen:

Schlüsselbegriff: „______________________“
Wichtige Informationen:

Arbeitsblatt Level A
Dreimal richtig, einmal falsch!

1 Schreibe die Zeilenzahlen der passenden Textstelle auf die freie Linie.
2 Kreuze dann die richtigen Antworten an.
3 Notiere danach für jeden Abschnitt eine passende Zwischenüberschrift.

Dreimal richtig, einmal falsch!

1. Schlüsselbegriff „Lebensweise“
Zwischenüberschrift: ______________________________

A Das Klima veränderte sich. Es wurde wärmer.

Zeile: ______ ☐

B Die letzte Eiszeit dauerte 10000 Jahre. Dann wurde es immer kälter.

Zeile: ______ ☐

C Gras und Getreide wuchsen nun besser. Bestimmte Tiere starben aus.

Zeile: ______ ☐

D Die Menschen wurden sesshaft.

Zeile: ______ ☐

2. Schlüsselbegriff „Alltag“
Zwischenüberschrift: ______________________________

A Die Klimaveränderung wirkte sich auf den Alltag der Menschen aus.

Zeile: ______ ☐

B Die Ackerflächen mussten während des ganzen Jahres gepflegt werden.

Zeile: ______ ☐

C Die Menschen mussten ihr Vieh vor wilden Tieren schützen.

Zeile: ______ ☐

D Die Menschen wohnten in Zelten und Höhlen.

Zeile: ______ ☐

3. Schlüsselbegriff „Folgen“
Zwischenüberschrift: ______________________________

A Die Menschen wurden immer älter.

Zeile: ______ ☐

B Durch die Getreidenahrung bekamen die Menschen Karies.

Zeile: ______ ☐

C Das Leben der Frauen verbesserte sich nicht.

Zeile: ______ ☐

D Dieses Zeitalter heißt „jungsteinzeitliche Revolution“.

Wende die vier Schritte der Detektivmethode an.

Hochzeit in Athen

Euphiletos' **Übergang zum Mannesalter** war durch eine Zeremonie gekennzeichnet, bei der sein Haar, das er während der Kindheit lang tragen durfte, abgeschnitten und einem Gott geopfert wurde. Mit 18 musste er dann einen **zweijährigen Militärdienst** antreten. In der ersten Hälfte der Dienstzeit wurde er zum Krieger ausgebildet [...].
Das zweite Jahr verbrachte er in einer Garnison an der Grenze Attikas. Danach konnte er in Notfällen noch bis zu seinem 60. Lebensjahr einberufen werden. Mit 20 Jahren schließlich durfte Euphiletos seinen Platz in den Rängen der Athener Bürger einnehmen. Welchen Beruf er wählte, wissen wir nicht. Vielleicht hatte er ja auch genügend Einkünfte von seinem Landgut.

[...]

Der nächste Meilenstein in seinem Leben war der schicksalhafte Entschluss zu heiraten. Leider hat uns die Geschichte den Namen seiner Frau nicht überliefert – was bereits viel aussagt – und deshalb werden wir sie Demarete nennen.

Sehr wahrscheinlich war sie jünger als Euphiletos, denn Mädchen heirateten gewöhnlich bereits mit 14 Jahren, und zwar nicht selten Männer, die doppelt so alt waren wie sie. In jenem zarten Alter unterschied sich Demaretes Leben schon sehr stark von dem des Mannes, den ihre Eltern für sie ausgewählt hatten.

Als Kind hatte Demarete keine Schule besucht, wie Euphiletos es getan hatte. **Mädchen** wurden zu Hause erzogen. Dort lernten sie in erster Linie, wie man einen Haushalt führt, wobei manche Eltern auch dafür sorgten, dass ihre Töchter lesen und schreiben, vielleicht auch tanzen sowie Flöte und Lyra spielen lernten. Bei der **Auswahl ihres Ehepartners** hatte Demarete nur wenig mitzureden. Ihre Eltern hatten die Wahl getroffen, lange bevor sie eine eigene Meinung äußern konnte. Ein wichtiger Faktor für den künftigen Bräutigam war die Höhe der Mitgift, welche die Braut in die Ehe einbrachte. War sie erst einmal verheiratet, ging die **Mitgift** in den Besitz des Mannes über, der damit machen konnte, was er für richtig hielt. Bei einem Bruch der Verbindung allerdings war er verpflichtet, der Familie der Frau das Geld zurückzuerstatten. [...]

(Nach: Wie sie damals lebten – Im Griechenland der Antike. Amsterdam/ Hamburg, Time-Life-Verlag 1966, S. 36 ff.)

Griechischer Hochzeitszug

Arbeitsblatt Level B
Informationen zuordnen

1 Lies den Text und ordne die Informationen in der linken Spalte den passenden Schlüsselwörtern zu. Benutze dazu Pfeile.

2 Verfasse mit den Informationen dieser Seite einen kurzen Text. Achte dabei darauf, nicht aus dem Originaltext auf der Seite 36 abzuschreiben.

Oberbegriffe

Übergang zum Mannesalter

zweijährige Militärzeit

Mädchen

Auswahl des Ehepartners

Mitgift

Informationen

Haar wird abgeschnitten und einem Gott geopfert

beginnt mit dem achtzehnten Lebensjahr

danach ist man Bürger Athens

heiraten oft Männer, die viel älter sind als sie

lernen zu Hause, wie man einen Haushalt führt

wird durch eine Zeremonie betont

heiraten sehr früh mit 14 Jahren

besteht aus einem Jahr Ausbildung und einem Jahr Dienst an der Grenze

Eltern bestimmen allein

besuchen keine Schule

muss bei Scheidung wieder zurückgezahlt werden

können häufig nicht lesen und schreiben

Entscheidung wird bereits in der Kindheit getroffen

wichtig bei der Wahl des Bräutigams

geht in den Besitz des Mannes über

Training Level C

Wende die vier Schritte der Detektivmethode an.

Kindheit in Rom

Marcella, Claudius und Marcus sind Freunde. Sie kennen sich seit ihrer Kindheit. Doch im Laufe der Jahre haben sie sich aus den Augen verloren. Marcella ist heute verheiratet und hat selbst Kinder, Claudius ist wie sein Onkel Politiker geworden. Er hält viele Reden und wird, wenn alles nach Plan läuft, in einigen Jahren Senator werden. Zurzeit leitet er neben seiner Arbeit als Richter auch noch die Landgüter seiner Familie südlich von Rom. Marcus hat bereits das Geschäft seines Vaters übernommen und ausgebaut. Er macht als Schmied gute Geschäfte mit dem römischen Heer. Seine Werkstatt hat sich auf die Herstellung von Brustpanzern und Beinschienen spezialisiert.

Kennengelernt haben sich die drei in der Schule. Dass Marcella als Mädchen überhaupt eine öffentliche Schule besuchen durfte, war in Rom keine Selbstverständlichkeit. Denn Mädchen wurden in den meisten Fällen zu Hause auf ihre zukünftige Rolle als Ehefrau und Mutter vorbereitet. Überhaupt hatten Frauen und Mädchen in der römischen Gesellschaft wenige Rechte.

Marcella war da eine Ausnahme. Ihre Schulkarriere begann wie die jedes römischen Kindes mit dem Besuch der Elementarschule, wo sie Lesen und Schreiben lernte. Außerdem lernte sie dort, einfache Rechenaufgaben zu lösen. Einfach war der Besuch der öffentlichen Elementarschulen bestimmt nicht. Der Unterricht wurde im Freien abgehalten, auch an nasskalten Wintertagen. Die Strafen waren hart und der Unterricht langweilig, weil immer das Gleiche gepaukt wurde. Da es in Rom keine Schulpflicht gab und für den Schulbesuch bezahlt werden musste, blieben die Kinder aus armen Familien oft ohne jede schulische Bildung. Wie alle Schüler verließ auch Marcella nach fünf Jahren die Elementarschule. Sie half von nun an ihrer Mutter im Haushalt. Marcus hingegen begann wie die meisten Jungen in diesem Alter eine Ausbildung im Handwerk.

Claudius war unter den Kindern der Elementarschule eine Ausnahme gewesen. Denn die meisten Kinder der römischen Oberschicht erhielten Privatunterricht. Claudius' Onkel, der Senator, war allerdings der Meinung, dass Claudius auf einer öffentlichen Elementarschule mehr lernen könnte. Außerdem hatte seine Familie bereits als kleines Kind dafür gesorgt, dass er von seiner Mutter und von einer griechischen Sklavin gemeinsam betreut wurde. Der Vorteil liegt auf der Hand: Claudius wuchs wie viele Kinder aus wohlhabenden Familien zweisprachig auf. Er konnte seine lateinische Muttersprache sprechen und er beherrschte Griechisch, die wichtigste Fremdsprache der damaligen Zeit.

Römische Wandmalerei: Mädchen mit Schreibgriffel und Wachstafel

Selbstverständlich besuchte Claudius ab dem 12. Lebensjahr die höhere Schule. Hier lernte er Grammatik und las die klassischen Dichter – auch in Griechisch. Da war es nicht schlecht, wenn man als Kind von einer griechischen Sklavin erzogen worden war. Für den Unterricht in der höheren Schule musste natürlich auch bezahlt werden, sogar weit mehr als an der Elementarschule. Deshalb besuchten fast nur Kinder aus den wohlhabenden Familien den Unterricht.

Richtig teuer wurde dann der Besuch der römischen Hochschulen. Sie vermittelten jenes Wissen, das junge Männer brauchten, um im Staatsdienst als Politiker Karriere zu machen. Dieser Unterricht fand nicht im Freien statt. In besonderen Gebäuden lehrte ein „Rhetor“ die Redekunst (= Rhetorik), Recht und Philosophie. Zur gleichen Zeit wurde von Claudius und seinen Altersgenossen aus der römischen Oberschicht verlangt, dass sie körperlich fit waren, weshalb regelmäßig im Freien an den Ufern des Tiber Sport getrieben wurde. Dort trainierte Claudius Reiten, Laufen und alle Kampfarten, die ein Offizier im römischen Heer beherrschen musste.

(Autorentext)

Arbeitsblatt Level C
Informationen in einer Tabelle ordnen

1 Trage die wichtigen Informationen in Stichworten in die Tabelle ein.
2 Lege den Text beiseite und schreibe mithilfe der Tabelle einen Bericht für die Schülerzeitung. Thema: „Erziehung und Bildung im alten Rom“
3 „Bildung war in Rom ein Vorrecht der Reichen.“ Begründe diese Behauptung.

Marcella, Marcus und Claudius als Erwachsene	arme und wohlhabende Kinder	Ausbildung der Mädchen

Elementarschule	höhere Schule	Hochschule

Präsentationsmethode Inhaltsangabe

Warum muss ich das können?

Johannes war krank. Er hat eine schriftliche Überprüfung im Fach Geschichte verpasst. Seine Lehrerin möchte, dass er zwei Seiten im Geschichtsbuch zusammenfasst und in der Klasse vorträgt. Für seine Mitschüler und Mitschülerinnen soll Johannes einen kurzen Merktext mit den wichtigen Informationen verfassen.

Janina findet das Leben der Kelten so interessant, dass sie darüber einen Bericht für die Schülerzeitung schreiben möchte. Das Redaktionsteam findet die Idee gut.

Allerdings dürfe ihr Artikel nicht zu lang sein, auf keinen Fall sollte er mehr als 200 Wörter umfassen.

Janina und Johannes stehen vor dem gleichen Problem: Sie müssen die Inhaltsangabe eines Sachtextes verfassen.

In einer Inhaltsangabe werden die wichtigen Informationen eines Textes von dir für andere zusammengefasst. Diejenigen, die deine Inhaltsangabe lesen, vertrauen darauf, dass du alles Wichtige notiert hast. Schließlich bist du der Spezialist für dieses Thema.

Worauf muss ich achten?

1. Wesentlichkeit und Kürze

Wenn du eine Inhaltsangabe machst, dann muss es dir gelingen, wichtige Informationen zu erkennen und zugleich weniger Wichtiges auszublenden.

2. Übersichtlichkeit

Du musst die wesentlichen Informationen, die du ausgewählt hast, gut verständlich anordnen.

3. Sachlichkeit

Mit der Inhaltsangabe willst du informieren. Deshalb musst du sachlich schreiben. Du darfst jetzt keine spannende Geschichte erfinden. Du verzichtest auf spannungserzeugende Wörter und auf wörtliche Rede.

Wie gehe ich am besten vor?

1. Schritt: Ich lese den Text mithilfe der Detektivmethode.
2. Schritt: Ich markiere wichtige Informationen.
3. Schritt: Ich schreibe wichtige Informationen heraus.
4. Schritt: Ich formuliere nur mithilfe meiner Notizen die Inhaltsangabe.

Tipp:

Benutze beim Schreiben deiner Inhaltsangabe nie den Originaltext, sonst passiert automatisch Folgendes:

- Du schreibst den Originaltext ab, statt selbst einen Text zu verfassen.
- Du verlierst dich in nebensächlichen Details, statt nur die wichtigsten Informationen mitzuteilen.

In beiden Fällen hast du deine Aufgabe nicht erfüllt. In der Schule bedeutet das, eine schlechte Note zu riskieren.

Lies die Methodenkarte und schreibe dir einen Spickzettel.
Thema: Worauf muss ich beim Schreiben einer Inhaltsangabe achten und wie gehe ich dabei am besten vor?

Materialkiste „Konjunktionen“

und – oder – sowie/als auch – entweder/oder – aber – allein – nur – sondern – jedoch – denn – während – als – nachdem – seitdem – bis – ehe – bevor – wie – als ob – insofern – insoweit – weil – da – dass – sodass – wenn – obwohl – ob

Um die Informationen in eine gut lesbare Reihenfolge zu bringen, brauche ich Konjunktionen. Konjunktionen verbinden Sätze miteinander.

Arbeite mit dem Text über die Kelten auf der Seite 32.

1 Verbinde die Einzelinformationen zu den Schlüsselwörtern „keltisches Jahrtausend“, „Kultur“ und „Sagen“ zu Satzgefügen.
Suche dir dazu passende Konjunktionen aus der Materialkiste aus.

Schritt 1:

Beispiel: Schlüsselwort „Kelten“
Die Kelten hießen bei den Römern Gallier oder Galli, während sie bei den Griechen Keltoi hießen.

2 Verbinde die ausformulierten Textbausteine zu einem einzigen Text.
Verwende auch dazu Konjunktionen..

Schritt 2:

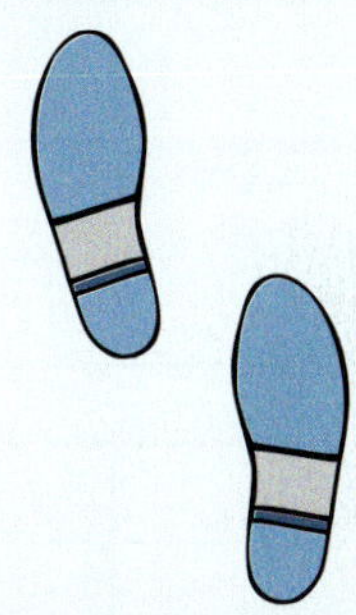

Tipp: Mit den anderen Texten kannst du genauso üben.

Bewertungsbogen Klassenarbeit

Inhaltsangabe eines Sachtextes

Bewertungsmerkmale	☺	😐	☹
Zur Detektivmethode:			
Hast du die Schritte der Detektivmethode angewendet und das Thema des Textes formuliert?			
Hast du wichtige Informationen sparsam markiert?			
Hast du dir diese Informationen notiert?			
Zur Beantwortung der Fragen:			
Sind deine Formulierungen sachlich und genau?			
Gelang dir die Lösung von der Sprache des Originaltextes?			
Hast du auf eine gut verständliche Sprache geachtet (Ausdruck, Satzbau, Rechtschreibung)?			
Hast du die Sätze durch Konjunktionen miteinander verbunden?			
Hast du leserlich geschrieben und auf eine schöne Form geachtet?			
Zum Lernverhalten:			
Hast du konzentriert gearbeitet?			

Zwei Dinge, die dir besonders gut gelungen sind:

1. ______________________________

2. ______________________________

Zwei Dinge, die du in Zukunft besser machen musst:

1. ______________________________

2. ______________________________

1	2	3	4	5	6	Φ	Σ

Datum: ____________ **Note:** ____________ **Unterschrift:** ____________

Leseführerschein

Modul 2 | Detektivmethode – Schwerpunkt „Markieren"

Der Textdetektiv / Die Textdetektivin

____________________ ____________________

Vorname Name

kann die Detektivmethode sicher auf Texte

des Übungslevels ____ anwenden.
(A, B, C)

Er/Sie hat folgende Arbeitstechniken und
Fähigkeiten besonders intensiv trainiert:

1. Er/Sie kann wichtige Informationen erkennen.
2. Er/Sie kann klug markieren.
3. Er/Sie kann wichtige Informationen schriftlich wiedergeben.

____________________ ____________________

Ort, Datum Unterschrift des Deutschlehrers/
der Deutschlehrerin

Detektivmethode
Schwerpunkt „Gliedern“

Im siebten Schuljahr sind die Texte, die du lesen und verstehen musst, umfangreich und kompliziert. Häufig fehlen jetzt fett oder kursiv gedruckte Schlüsselbegriffe. Aus diesem Grund muss die Arbeit mit der Detektivmethode weiterentwickelt werden.
In dieser Einheit trainierst du besonders intensiv, die wichtigen Informationen eines Textes zu ordnen und zu gliedern. Dazu benötigst du die Schlüsselbegriffe eines Textes. Deshalb lernst du zuerst, wie man Schlüsselbegriffe findet und Zwischenüberschriften bildet.

Wenn du ein erfolgreicher Textdetektiv werden willst, dann musst du folgendermaßen vorgehen:

1. Schritt:
Der Detektiv verschafft sich einen Überblick und klärt das Thema.
- Falls zu dem Text ein Bild gehört, betrachte ich es aufmerksam und lese die Bildunter-
- … fliege ich den T… …treiche fett oder kursiv … Wörter. Jet… …uliere fo… …ich das The-

…ritt:
Der Detekti…
- Dazu ne… …r das Thema …
- Dann ü… …Fragen, die…
- Jetzt les… …tet. Ich noti…

3. Schritt:
Der Detektiv…
- Der Text hat … …zähle, wie viele Abschnitt…
- Ich lese den Text … …rmationen zu den Schlüsselbegriff… …gen und Aufzählungen.
- Wenn ich etwas n… …nde… …Lexikon die Bedeutung unbekannter Wörte… …ge jemanden um Rat.

Tipp: Wenn i… …hlüsselbegriffe hervorgehoben sind, dann muss ich für jeden Abschnitt d… …rten: „Wovon handelt der Abschnitt?“ Erst dann kann ich die wichtigen … …erausfinden und unterstreichen.

4. Schritt:
Der De… wichtigen Spuren.
- Ich … …usselbegriffe des Textes und schreibe dann die wichtigen Informationen … …zen oder Stichworten darunter.
- I… ein drittes Mal und überprüfe, ob meine Notizen auch richtig und vollständig … …ch korrigiere und ergänze meine Notizen.

4. Schritt:
Der Detektiv sichert die wichtigen Spuren.
Auch der beste Detektiv kann sich nicht immer alles merken. Deshalb nimmt er sich die Zeit, um in Ruhe festzuhalten, was er bislang herausgefunden hat.
Ich notiere die Schlüsselbegriffe des Textes und schreibe dann die wichtigen Informationen in kurzen Sätzen darunter.
Ich lese den Text ein drittes Mal und überprüfe, ob meine Notizen auch richtig und vollständig sind. Ich korrigiere und ergänze meine Notizen.

Kennst du Harry Potter? Gut, dann erinnerst du dich vielleicht: Im ersten Band muss Harry einige Abenteuer bestehen, um den Stein der Weisen vor dem bösen Lord Voldemort zu retten. In einer riesigen unterirdischen Kammer voller surrend umherfliegender Schlüssel soll er den einzig richtigen erkennen. Denn nur mit ihm allein kann Harry eine Tür aufsperren, um der Lösung des Geheimnisses um Lord Voldemort einen Schritt näher zu kommen.
„Was hat diese Geschichte denn mit dem Lesen von Sachtexten zu tun?“, wirst du fragen. Nun, Harry war beim Anblick der vielen Schlüssel genauso verzagt, wie du es vielleicht manchmal bist, wenn du schwierige Texte nicht sofort verstehst. Doch Harry ist ein guter Detektiv und deshalb schaut er genau hin und erkennt, dass einer der fliegenden Schlüssel einen gebrochenen Flügel hat. Das genau war der Schlüssel, den Harry brauchte, um weiterzukommen!
So wie Harry musst du es auch machen, wenn du den Besonderheiten des Textes auf die Spur kommen willst: Du musst die Schlüsselbegriffe finden. Schlüsselbegriffe sind wichtig, denn sie öffnen die Tür zu den wichtigen Informationen des Textes. Leider verstecken sich die Schlüsselbegriffe im Text und sehen aus wie alle anderen Wörter auch. Deshalb sind sie so schwer zu entdecken. Schlüsselbegriffe haben zwar keinen gebrochenen Flügel, an denen man sie erkennen kann, aber es gibt Tricks, die dir helfen, ihnen auf die Spur zu kommen.

Trick Nummer 1:

Schlüsselbegriffe sind sehr oft Nomen. Und die werden bekanntlich großgeschrieben. Deshalb scheiden von vorneherein viele Wörter aus. Der Detektiv konzentriert seine Suche also auf großgeschriebene Wörter im Text.

Trick Nummer 2:

Schlüsselbegriffe bilden die Oberbegriffe des Textes. Um sie zu finden, musst du den Text Abschnitt für Abschnitt sehr genau lesen und dabei überlegen, wovon jeder einzelne Abschnitt handelt.
Formuliere dann für jeden Abschnitt folgenden Satz zu Ende:

„Der Abschnitt handelt von ________________________________.“
Jetzt hast du mit hoher Wahrscheinlichkeit das wichtigste Schlüsselwort des Textabschnitts in der Lücke stehen. Mit ihm kannst du leicht Zwischenüberschriften formulieren.

Trick Nummer 3:

Wenn du passende Überschriften zu den einzelnen Abschnitten eines Textes bildest, dann verwendest du dazu automatisch die Schlüsselbegriffe. Deshalb sollte der Detektiv überprüfen, ob das wichtigste Wort der Überschrift auch der wichtigste Schlüsselbegriff des entsprechenden Abschnitts ist.

Notiere den 4. Schritt der Detektivmethode in dein Heft. Verfahre ebenso mit den drei Tricks, die dir helfen, die Schlüsselbegriffe zu finden.

Hast du die Methode verstanden?

Mithilfe der Mindmap kannst du dein Wissen über die Detektivmethode überprüfen. Verschaffe dir dazu einen Überblick über die komplette Methode (Seite 14). Ergänze dann die fehlenden Schritte. Orientiere dich dabei an dem 1. Hauptast der Mindmap.

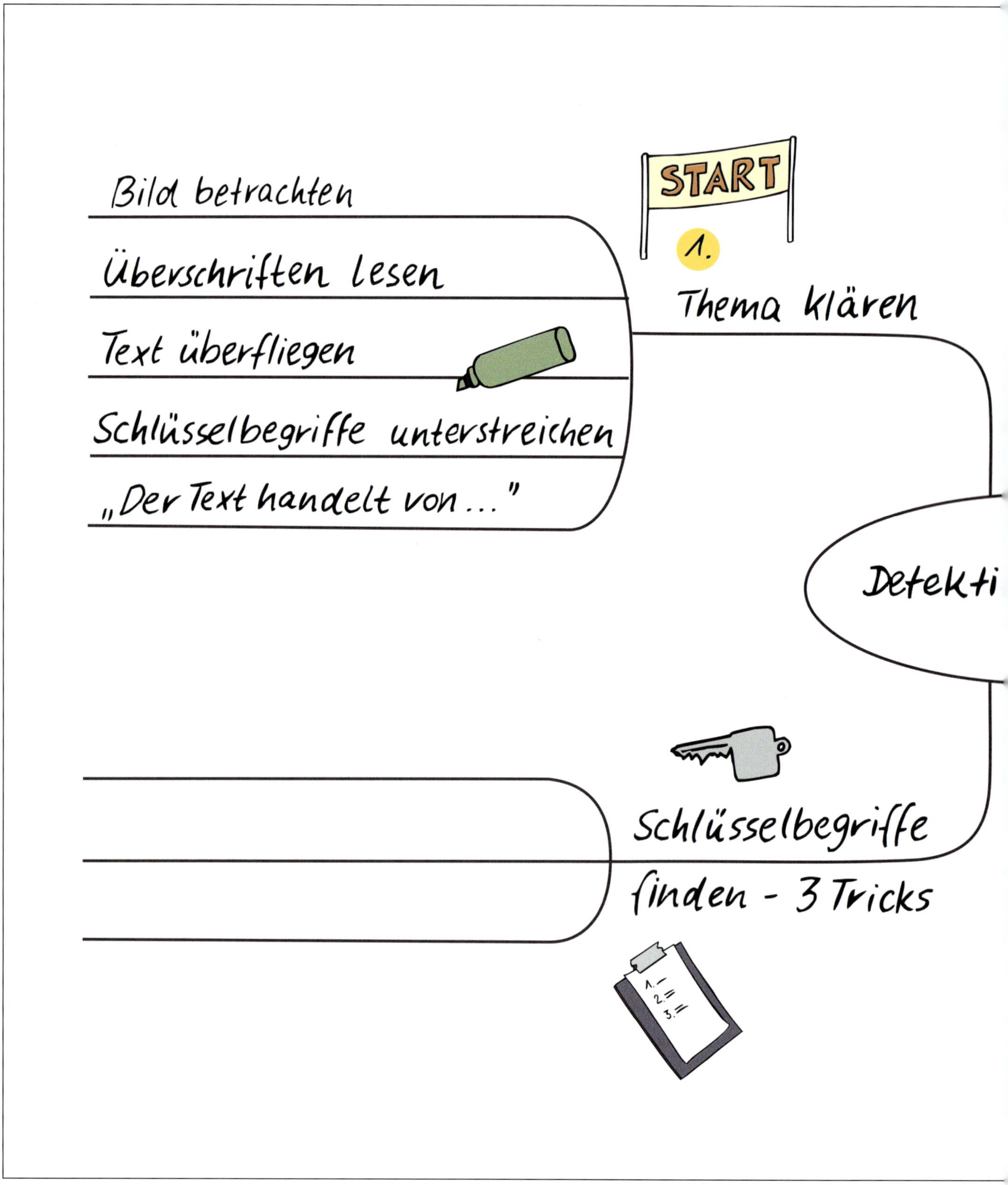

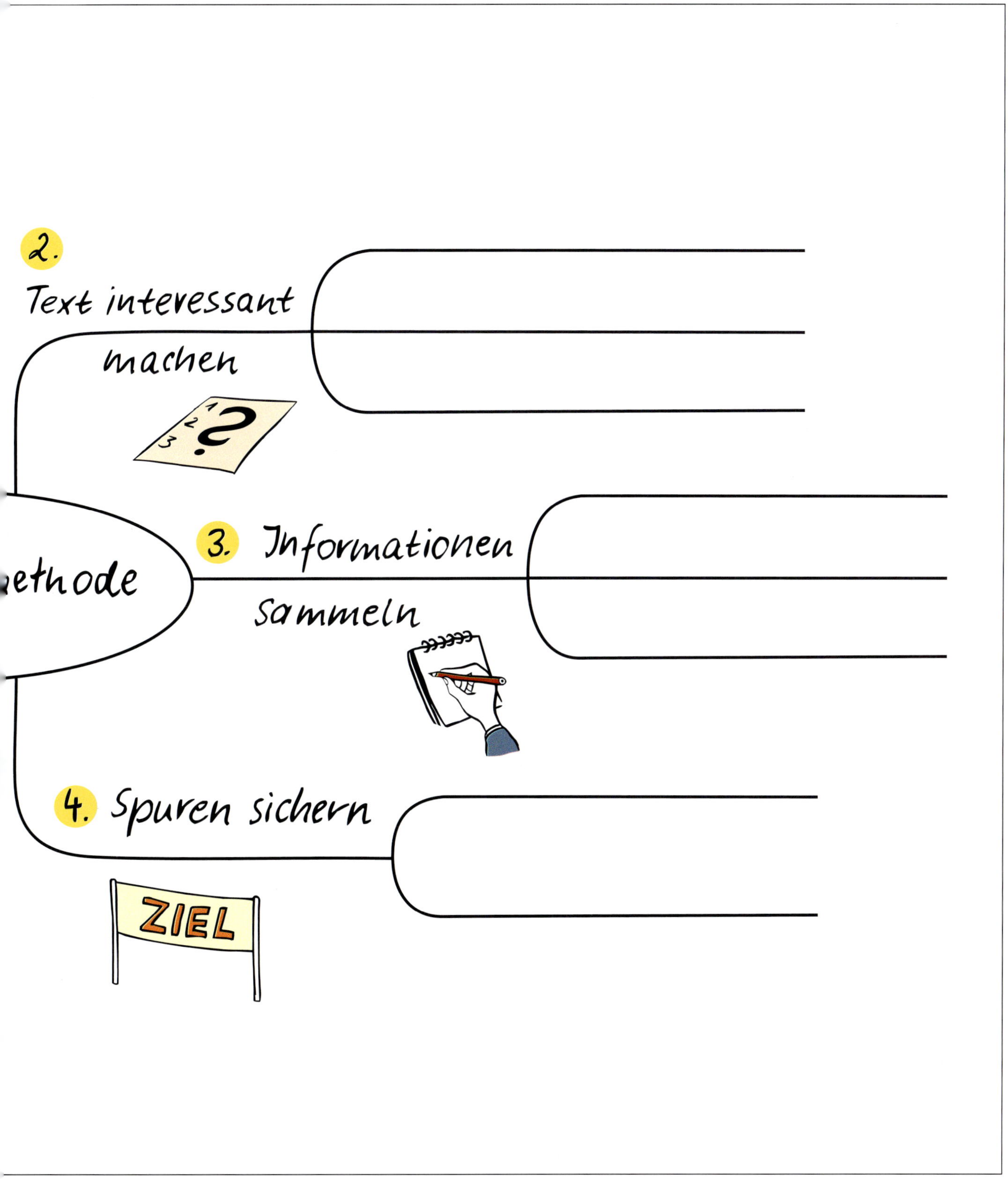
2.
Text interessant machen
…ethode
3. Informationen sammeln
4. Spuren sichern
ZIEL

Werkzeugkiste „Gliedern"

So arbeitest du mit den folgenden Texten:

1. Wende die beiden ersten Schritte der Detektivmethode an.
2. Lies den Text Abschnitt für Abschnitt und markiere jeweils einen weiteren Schlüsselbegriff mithilfe der drei Tricks.
3. Lies den Text erneut und unterstreiche in einer anderen Farbe, was über die Schlüsselbegriffe ausgesagt wird.
4. Formuliere für jeden Abschnitt eine Zwischenüberschrift.
5. Notiere alle wichtigen Informationen in einer Tabelle und stelle sie der Klasse vor.

Warum wird es wärmer auf der Erde?

1. Abschnitt:

Die **Klimaerwärmung** entsteht durch den sogenannten Treibhauseffekt. Wenn ihr in ein Gewächshaus geht, dann werdet ihr feststellen, dass es dort meist auch ohne Heizung viel wärmer ist als draußen. Im Treibhaus werden nämlich die Sonnenstrahlen „gefangen", das heißt, die warmen Strahlen kommen zwar rein, aber nicht wieder raus. Von diesem Phänomen im Gewächshaus hat auch der Treibhauseffekt auf der Erde seinen Namen. Er funktioniert nämlich genauso. Anstelle der Glasscheiben im Gewächshaus hat die Erde eine schützende Lufthülle, die Atmosphäre. Diese Atmosphäre besteht aus verschiedenen Gasen, wie zum Beispiel Sauerstoff oder Kohlendioxid.

2. Abschnitt:

Eigentlich ist der Treibhauseffekt auf der Erde eine prima Sache, denn ohne die schützende Lufthülle wäre es überall bitterkalt, durchschnittlich minus 18 Grad. Erst seitdem die Menschen immer mehr Energie verbrauchen und dadurch immer mehr Kohlendioxid produzieren, ist der Treibhauseffekt zum Problem geworden. Es wird nämlich immer wärmer im Treibhaus Erde.

3. Abschnitt:

Im Sommer 2003 haben wir in Deutschland schon mal das Steppenklima erprobt: Die Wiesen waren braun, die Flüsse hatten nur noch wenig Wasser und ohne Ventilator ging gar nichts. Sogar manche Kraftwerke für die Stromerzeugung mussten mit halber Kraft fahren, weil in den Flüssen nicht mehr genügend Kühlwasser vorhanden war. [...]

(Aus: http://www.klimanet4kids.baden-wuerttemberg.de/pages/info/treibhaus.htm, Zugriff 02.10.2007)

Abschnitte	Schlüsselbegriffe	wichtige Informationen	Meine Zwischenüberschrift
1. Abschnitt	– Klimaerwärmung –	Klimaerwärmung entsteht durch Treibhauseffekt; …	
2. Abschnitt	–		
3. Abschnitt	–		

Training Level A

Lies den Text mithilfe der Detektivmethode und beantworte die Fragen.

1. Wie kommt das Kohlendioxid in die Atmosphäre?
2. Wie entsteht der Treibhauseffekt?
3. Welche Rolle spielt das CO_2 dabei?
4. Welche Folgen hat der Treibhauseffekt?

Treibhauseffekt

1. Abschnitt:

Öl, Kohle und Erdgas nennt man fossile Brennstoffe. Etwa 80 Prozent des weltweiten Energieverbrauchs werden gegenwärtig auf diese Weise gedeckt.

Genau wie die heute lebenden Kohlköpfe, Kakteen und Kastanien haben auch die vor einigen Hundert Millionen Jahren gewachsenen Farnbäume und Algen sehr viel Kohlendioxid (CO_2) gespeichert. Das ist da immer noch drin. In dem Moment allerdings, wo lebende oder tote Pflanzen verbrannt werden oder verfaulen, entschwindet das CO_2 in die Luft. Logisch, dass sich in der Atmosphäre rund um die Erde immer mehr davon ansammelt, wenn die Menschen große Mengen Öl und Kohle verbrennen.

2. Abschnitt:

In etwa zehn Kilometer Höhe wirkt diese Massenversammlung von CO_2-Molekülen wie die Glasscheibe in einem Treibhaus: Die Sonnenstrahlen können ungehindert hindurchscheinen und erwärmen den Boden. Sobald die Sonne keinen Energienachschub mehr schickt, würde die Wärme normalerweise wieder in Richtung Weltall entschwinden. Nicht so in einem Gewächshaus: Die Glasscheiben sorgen dafür, dass ein Großteil der Wärme im Raum gespeichert bleibt. [...]

Das Problem ist allerdings, dass das zusätzliche Kohlendioxid eine Wirkung hat, als ob immer mehr Lüftungsfenster in dem Treibhausdach geschlossen oder verstopft würden. [...]

3. Abschnitt:

Wird es wärmer, schrumpfen Gletscher und die Eismassen in der Nähe von Nord- und Südpol. Auch das Wasser in den Ozeanen dehnt sich aus: Der Meeresspiegel steigt. Weil manche Gegenden nur wenige Zentimeter darüber liegen, saufen sie ab. Etwa ein Drittel von Bangladesch, die Malediven und andere kleine Inseln sind vom Untergang bedroht.

4. Abschnitt:

Außerdem verdunstet mehr Wasser aus den Ozeanen als früher und das führt dazu, dass es in einigen Regionen zu sintflutartigen Regenfällen kommt. Die Folge sind Überschwemmungen. Andernorts breiten sich Wüsten aus. Ehemals fruchtbares Acker- und Weideland verdorrt.

5. Abschnitt:

Auch viele Pflanzen- und Tiergesellschaften werden zusammenbrechen, wenn sich die Klimazonen sehr schnell verschieben. Dabei kann es schon ausreichen, wenn ein paar Arten mit den neuen Bedingungen nicht zurechtkommen: Fehlen sie, sterben auch andere aus, die sich vorher von ihnen ernährt hatten. Und fallen die aus, sterben weitere. [...]

(Aus: Durchblick. Was hat unser Alltag mit der Umwelt zu tun? Hrsg.: Bundesministerium für Umwelt, Naturschutz und Reaktorsicherheit, Berlin 2004, S. 11 f.)

Arbeitsblatt Level A

Oberbegriffe richtig zuordnen – Zwischenüberschriften finden

Zwischenüberschriften gliedern einen Sachtext und bringen den Inhalt des entsprechenden Abschnitts auf den Punkt. Zwischenüberschriften sind kurze Frage- oder Aussagesätze, sie können aber auch nur aus einem Oberbegriff bestehen. Um sinnvolle Zwischenüberschriften zu bilden, musst du herausfinden, wovon der Textabschnitt handelt.

Gehe folgendermaßen vor:

1. Markiere die Schlüsselbegriffe und ergänze den Satz „Der Abschnitt handelt von …“. Jetzt weißt du, wovon die einzelnen Textabschnitte handeln.
2. Kreuze nun den passenden Oberbegriff an.
3. Bilde für jeden Abschnitt eine passende Zwischenüberschrift.

Welcher Oberbegriff passt?

1. Abschnitt

Der Abschnitt handelt von …
A Energieverbrauch
B Steinkohle und Erdöl
C Fossile Brennstoffe

Meine Zwischenüberschrift lautet: ______________________________

2. Abschnitt

Der Abschnitt handelt von …
A Unsere Atmosphäre
B Treibhauseffekt
C Öl und Kohle

Meine Zwischenüberschrift lautet: ______________________________

3. Abschnitt

Der Abschnitt handelt von …
A Auswirkungen auf den Meeresspiegel
B Erderwärmung
C Das Problem

Meine Zwischenüberschrift lautet: ______________________________

4. Abschnitt

Der Abschnitt handelt von …
A Überschwemmungen und Dürren
B Gestörter Wasserkreislauf
C Wüsten breiten sich aus

Meine Zwischenüberschrift lautet: ______________________________

5. Abschnitt

Der Abschnitt handelt von …
A Klimazonen verschieben sich
B Tierarten sterben aus
C Folgen für Tiere und Pflanzen

Meine Zwischenüberschrift lautet: ______________________________

Lies den Text mithilfe der Detektivmethode.

Ozonloch

Die Atmosphäre

Unsere Erde ist von einer Gasschicht, die wir Atmosphäre nennen, umhüllt. Die Atmosphäre besteht aus verschiedenen Schichten. In der **Schicht** **zwischen 15 und 25 Kilometern** über der Erdoberfläche befindet sich besonders viel von dem unsichtbaren **Gas Ozon**.

Die Ozonschicht ist sehr wichtig für uns: Wie ein Schutzschild hält sie die schädlichen Anteile der Sonnenstrahlen zurück. „UV-Strahlen“ werden diese Strahlen genannt, als Abkürzung für ultraviolette Strahlen. Sicher hast du deren schädliche Wirkung schon einmal zu spüren bekommen. Nämlich wenn du zu lange in der Sonne geblieben bist und einen Sonnenbrand bekommen hast. Ohne die schützende Ozonschicht würden die UV-Strahlen ungehindert auf die Erde prallen und hier alles Leben in der jetzigen Form zerstören.

1985 schlugen Forscher Alarm. Sie hatten über der Antarktis, über dem Südpol, ein riesiges Loch in der Ozonschicht entdeckt. ... Über der Antarktis hat das Ozonloch eine Größe von fast 24 Millionen Quadratmetern erreicht; das sind etwa 5 Prozent unserer Erdoberfläche.

Man fand schnell heraus, dass vor allem Fluorchlorkohlenwasserstoffe, kurz FCKW, die Ozonschicht zerstören. Diese Gase wurden früher besonders als Treibgas in Spraydosen und als Kühlmittel für Kühlschränke und Klimaanlagen eingesetzt. [...]

Wenn FCKW freigesetzt werden, steigen sie in die Atmosphäre auf. Erst nach 10 bis 20 Jahren sind sie in der Ozonschicht angekommen. Dort zerstören die Chlorteilchen der FCKW das Ozon. Die Folge: Die Ozonschicht wird dünner und bekommt an manchen Stellen Löcher.

Wenn die Ozonschicht dünner wird, prallen immer mehr UV-Strahlen ungefiltert auf die Erde. Und das ist gefährlich für uns: Die UV-Strahlen können nämlich nicht nur zu Sonnenbrand führen, sondern sogar Hautkrebs erzeugen. Außerdem wird unser Immunsystem geschwächt, d. h., wir werden anfälliger für Krankheiten. Auch Pflanzen sind von einer steigenden UV-Strahlung betroffen: Sie werden im Wachstum und Erbgut geschädigt. Wissenschaftler befürchten deshalb, dass es zu Ernteausfällen kommen kann.

Um diese dramatischen Folgen von uns allen abzuwenden, war für die Politiker bereits in den 80er-Jahren klar, was getan werden musste: Zerstört wird die Ozonschicht durch die FCKW, also müssen diese verboten werden. [...]
Seit Januar 1995 dürfen FCKW in Deutschland weder produziert noch verwendet werden. Aber damit die Ozonschicht sich wieder erholen kann, dürfen nirgendwo auf der Welt mehr FCKW verwendet werden. [...]
Seit dem Jahr 2006 werden weltweit keine FCKW mehr produziert. Dazu haben sich 175 Länder in dem sogenannten Montrealer Protokoll verpflichtet. [...]

(Aus: Bundesministerium für Umwelt, Naturschutz und Reaktorsicherheit (Hrsg.): Ozonloch, Berlin 2003)

Arbeitsblatt Level B
Überschriften finden

Zwischenüberschriften helfen dir, längere Texte zu gliedern und den wichtigen Inhalten auf die Spur zu kommen. Eine Zwischenüberschrift ist dann passend, wenn sie den Inhalt eines Abschnitts treffend zusammenfasst.
Um eine solche Zwischenüberschrift zu finden, musst du ...
1 die Schlüsselbegriffe markieren.
2 folgende Frage stellen: „Wovon handelt der Textabschnitt?“
3 aus deiner Antwort eine treffende Überschrift formulieren.
Verfahre mit allen Abschnitten des Übungstextes so wie in dem Beispiel.
Sprecht in der Klasse darüber, welche Überschriften am besten passen.
4 Markiere die Oberbegriffe in einer anderen Farbe.

Auf die Überschrift kommt es an!

1. Abschnitt
Meine Schlüsselbegriffe sind: *Atmosphäre, Schicht zwischen 15 und 20 Kilometern, Gas, Ozon*
Der Abschnitt handelt von *dem Aufbau der Atmosphäre.* (Oberbegriff)
Eine treffende Überschrift für diesen Textabschnitt lautet: *Ozon in der Atmosphäre*

2. Abschnitt
Meine Schlüsselbegriffe sind ... ______________________________

____

Der Abschnitt handelt von ______________________________
Eine treffende Überschrift für diesen Textabschnitt lautet:

____

3. Abschnitt
Meine Schlüsselbegriffe sind ... ______________________________

____

Der Abschnitt handelt von ______________________________
Eine treffende Überschrift für diesen Textabschnitt lautet:

____

4. Abschnitt
Meine Schlüsselbegriffe sind ... ______________________________

____

Der Abschnitt handelt von ______________________________
Eine treffende Überschrift für diesen Textabschnitt lautet:

____

5. Abschnitt
Meine Schlüsselbegriffe sind ... ______________________________

____

Der Abschnitt handelt von ______________________________
Eine treffende Überschrift für diesen Textabschnitt lautet:

____

6. Abschnitt
Meine Schlüsselbegriffe sind ... ______________________________

____

Der Abschnitt handelt von ______________________________
Eine treffende Überschrift für diesen Textabschnitt lautet:

____

Lies den Text mithilfe der Detektivmethode. Gliedere ihn und suche passende Teilüberschriften.

Erneuerbare Energien

Fachleute bestätigen: Das Klima auf der Welt verändert sich. Wie sich das bei uns in Deutschland auswirken wird, wissen wir noch nicht genau. Sicher ist aber, dass die Folgen des Klimawandels unangenehm und vor allem teuer sein werden. So kostete beispielsweise der Hurrikan „Kathrina", der im Spätsommer 2005 New Orleans verwüstet hat, schätzungsweise 50 Milliarden Dollar. [...] Unbestritten ist, dass der Mensch in den letzten Jahrzehnten erheblich an der Klimaschraube gedreht hat. Eine Menge des viel zu hohen CO_2-Ausstoßes geht auf das Konto des Energieverbrauchs, sei es in der Industrie, auf dem Bau, in den eigenen vier Wänden oder mit dem Auto. Mittlerweile haben viele gemerkt, dass sich hier ordentlich sparen lässt – auch für das eigene Konto. Doch ganz ohne Energie wird es auch in Zukunft nicht gehen. Erneuerbare Energien können viel dazu beitragen, die Klimaprobleme zu lösen – und werden das in Zukunft noch viel mehr tun. Sie werden entweder aus nachwachsenden Rohstoffen wie Pflanzen gewonnen oder aus Energiequellen, die nie versiegen und trotzdem bisher wenig genutzt werden. Also aus Sonne, Erdwärme, Wasser oder Wind. Die Zukunft hat da übrigens längst begonnen. Allein im Jahr 2003 konnte in Deutschland der Ausstoß von 53 Millionen Tonnen CO_2 mithilfe erneuerbarer Energien vermieden werden. Und nicht zuletzt: Erneuerbare Energien bringen neue Jobs. Denn bei Hightech für Wind- und Solarenergie gehört Deutschland zur Weltspitze. Aus Stroh Gold machen geht nur im Märchen. Doch Rinder können es auch: Ein Haufen Kuhfladen nämlich stinkt zwar gewaltig, aber er enthält auch eine Menge Energie. Biomasse sagen vornehm die Fachleute. Dazu gehört neben Abfällen auch Holz, Biogas und Biodiesel. Und natürlich kann das Stroh auch gleich direkt verheizt werden, ohne Umweg durch die Kuh. Biomasse gibt es als feste, flüssige oder gasförmige Stoffe, aus ihnen können Wärme, Strom und Sprit fürs Auto gewonnen werden. Nicht ganz so beweglich, aber dafür ein echter „Bringer" ist Erdwärme (auch Geothermie genannt). Sie nutzt die Wärme aus der Tiefe, wie zum Beispiel beim neuen Freizeitbad in Arnsberg. Das wird mit Wärme aus 3.000 m Tiefe beheizt. Experten schätzen, dass Erdwärme zukünftig einen bedeutenden Teil des Strombedarfs der Bundesrepublik decken könnte. Und das Tag und Nacht – ein ganz wichtiger Beitrag für den Energiemix der Zukunft. Denn die Sonne scheint ja nicht immer. Trotzdem gehört Deutschland zu den Ländern, in denen besonders viel Strom und Wärme aus dem Licht der Sonne gewonnen wird, vor allem mit Solaranlagen auf Dächern und Fassaden. Die Klassiker unter den erneuerbaren Energien schließlich sind Wasser und Wind: Die haben schon vor Jahrhunderten die Mühlsteine angetrieben. [...] In den letzten Jahren sind bereits Tausende Windkraftanlagen ans Netz gegangen. Mehr entstehen bald im Meer, es gibt Pläne für große Offshore-Windparks in Nord- und Ostsee. Ein solcher Park kann ein ganzes Atomkraftwerk ersetzen. [...] Wie ein Windpropeller rotiert der Jobmotor erneuerbare Energien. Bis November 2003 hat die Branche rund 135.000 Arbeitsplätze geschaffen. Tendenz steigend. Das sind Jobs für clevere Tüftler, solide Handwerker und mutige Monteure. Und natürlich gibt's auch Stellen im Büro. Konkret werden [....] fast alle herkömmlichen Energieberufe geboten. Daneben ist auch eine Aus- und Weiterbildung in ganz neuen Berufsfeldern möglich, beispielsweise als Ver- und Entsorger/in für Biomasse oder als Solarteur/in. Diese Fachkräfte für Solartechnik beraten Kunden, planen und bauen die Anlagen. Hast du Abitur, kannst du dir aus einer langen Liste ein Studienfach aussuchen. Besonders gefragt sind Ingenieure, Maschinenbautechniker und Energiemanager. Das sind Jobs mit Zukunft in einer wachsenden Branche.

(Aus: Zeitbild Verlag (Hrsg.): Das Zeitbild. Neu, neuer, erneuerbar. Jahrgang 45, Februar 2004, der Text wurde gekürzt und leicht aktualisiert)

Arbeitsblatt Level C
Abschnitte finden – Überschriften formulieren

Bei gut geschriebenen Texten bilden die Abschnitte Sinneinheiten, das heißt, jeder Abschnitt handelt von einem bestimmten Aspekt des Themas. Mit unserem Übungstext kannst du selbst auf die Suche nach sinnvollen Einteilungen gehen und die Abschnitte selbst festlegen. Allerdings musst du deine Entscheidung auch begründen können.
Gehe folgendermaßen vor:

1. Lies den Text mithilfe der Detektivmethode.
2. Markiere den Anfang und das Ende eines Abschnitts mit einem senkrechten Strich | im Text.
3. Begründe deine Entscheidung, indem du für jeden Abschnitt folgende Sätze ergänzt: „Der Abschnitt handelt von ..." und „Seine Schlüsselbegriffe sind: ..."
4. Formuliere eine treffende Überschrift.
5. Stellt eure Entscheidungen und Begründungen in der Klasse vor und sprecht darüber.

Mit Texten arbeiten – über Texte sprechen

Fülle die Lücken für mindestens zwei Abschnitte, bei denen du dir sicher bist, aus. Du kannst dieses Muster für weitere Abschnitte in dein Heft übertragen.

Behauptung:
Der Abschnitt beginnt in der Zeile ____ mit den Worten „Fachleute bestätigen, ...".

Der Abschnitt endet in der Zeile ____ mit den Worten „ ______________________________".

Begründung:
Der Abschnitt handelt von ______________________________.

Seine Schlüsselbegriffe sind: ______________________________.

Meine Überschrift lautet „ ______________________________".

Behauptung:
Der Abschnitt beginnt in der Zeile ____ mit den Worten „ ______________________________".

Der Abschnitt endet in der Zeile ____ mit den Worten „ ______________________________".

Begründung:
Der Abschnitt handelt von ______________________________.

Seine Schlüsselbegriffe sind: ______________________________.

Meine Überschrift lautet „ ______________________________".

Präsentationsmethode Mindmap

Was ist das?

Eine *Mindmap* anlegen bedeutet, eine „Gedächtnis- oder Denklandkarte" zu einem Thema zu erstellen. Dabei kommt den Schlüsselbegriffen eines Textes eine besondere Bedeutung zu. Außerdem wird mit Zeichnungen, Symbolen und Farben gearbeitet. Sie veranschaulichen die Textinhalte.
Das sieht zuerst wie doppelte Arbeit aus. Es ist jedoch eine erprobte Methode, um die Leistungsfähigkeit unseres Gehirns zu steigern. Das besteht nämlich aus zwei Hälften, von denen die eine für die Schlüsselbegriffe verantwortlich ist und die andere für die Veranschaulichung. Lege ich nun eine Mindmap an, dann sind eben beide Hälften des Gehirns aktiv und nicht nur eine.

Warum muss ich das können?

Jeder, der die Mindmap-Methode beherrscht, ist klar im Vorteil, denn

- er kann Informationen aus Sachtexten systematisch sammeln,
- er kann Informationen aus Sachtexten gegliedert und übersichtlich wiedergeben und
- er kann sich diese Informationen besser merken.

Wie gehe ich am besten vor?

1. Schritt: Ich bereite den Text vor.
Ich lese den Text mithilfe der Detektivmethode und achte dabei besonders darauf, die Schlüsselwörter sorgfältig zu unterstreichen.

2. Schritt: Ich finde passende Oberbegriffe.

- Das können kurze Aussagesätze sein (z. B. „Das hat Konsequenzen.").
- Das können kurze Fragesätze sein (z. B. „Was können wir tun?").
- Das können Wortgruppen sein, die das Thema umreißen (z. B. „Der gute Treibhauseffekt").
- Das können einzelne Wörter sein, die ein Thema im Kern treffen (z. B. „Ursachen").

3. Schritt: Ich lege die Mindmap an.

- Ich beginne im Zentrum meines Blattes und schreibe in die Zentralkartusche das Thema.
- Dann lege ich für jeden Oberbegriff einen Hauptast an. Dabei kann ich mich auch an den Zwischenüberschriften orientieren.
- Für wichtige Detailinformationen lege ich, ausgehend vom passenden Hauptast, Nebenäste an. Ich arbeite dabei im Uhrzeigersinn und beginne oben links. Ich notiere nicht mehr als sieben Nebeninformationen pro Hauptast.
- Zum Schluss suche ich Symbole und Bilder und zeichne sie in meine Mindmap.

Worauf muss ich achten?

Tipp 1: Ich schreibe immer horizontal.
Tipp 2: Ich verwende die Farben sparsam und systematisch (Reserviere für jeden Hauptast eine bestimmte Farbe!).
Tipp 3: Ich nehme das Blatt quer und nutze die ganze Seite.
Tipp 4: Ich beginne oben links und arbeite im Uhrzeigersinn.

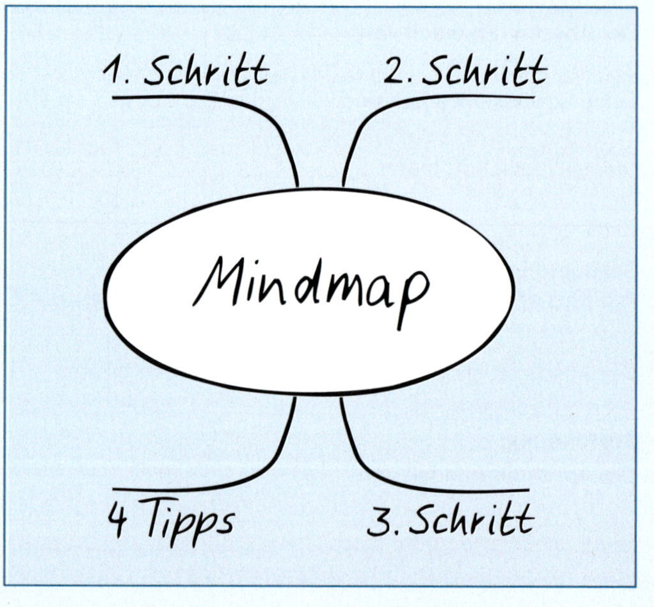

Lege zu dieser Methodenkarte eine Mindmap in deinem Heft an.

Eine Mindmap anlegen

Der gute und der schlechte Treibhauseffekt

Die Atmosphäre als Wolldecke

Die Erde ist von einer schützenden Lufthülle umgeben, der Atmosphäre. Sie macht Leben überhaupt erst möglich. Sie wirkt wie eine Wolldecke, die dafür sorgt, dass wir nachts nicht frieren. Der Mond hat keine schützende Atmosphäre, deshalb erstarrt dort jede Nacht die sonnenabgewandte Seite des Himmelskörpers in eisigen Temperaturen, während die sonnenzugewandte Seite am Tag zum Backofen wird.

Solche extremen Temperaturschwankungen verhindert unsere irdische Lufthülle durch einen natürlichen und guten Treibhauseffekt.

Leider gestaltet der Mensch durch übermäßigen Energieverbrauch unsere Atmosphäre immer mehr um. Das ist so, als würde man der Erde eine zweite Wolldecke überlegen, und zwar auch tagsüber, wenn sie aufgrund der Sonneneinstrahlung sowieso schon schwitzt. Dies ist der menschengemachte, gefährliche Treibhauseffekt. Er sorgt dafür, dass es auf unserer Erde immer wärmer wird.

Doch wie kommt es zu dieser Erwärmung, welche Folgen hat sie? Und vor allem: Was können wir dagegen tun?

Ursachen gibt es viele

Menschen verbrauchen Energie, um zu heizen, um mit dem Auto von A nach B zu fahren, um all die Produkte unseres täglichen Lebens herzustellen. Diese Energie wird in den meisten Fällen gewonnen, indem man fossile Energieträger, also Kohle, Erdöl und Gas verbrennt.

Dabei entstehen Tag für Tag Millionen Tonnen Kohlendioxid. Kohlendioxid ist neben Methan, das größtenteils in der Landwirtschaft entsteht, das gefährlichste Klimagas.

Das hat Konsequenzen

Die Folgen der Erderwärmung kann man auf der ganzen Welt beobachten: Das Eis des Nord- und des Südpols beginnt zu schmelzen. In den Alpen verschwinden die Gletscher. Stürme werden immer gewaltiger, in der Südsee werden ganze Inselgruppen vom Meer bedroht. In Deutschland werden die Sommer zwar immer trockener, dafür regnet oder schneit es in den übrigen Jahreszeiten umso stärker.

Was können wir tun?

Wenn unser großer Energiehunger Grund ist für den menschengemachten Treibhauseffekt, dann kann durch einfache Verhaltensänderungen der Kohlendioxidausstoß verringert werden. Das beginnt bei jedem Einzelnen von uns.

Wer mit Bus und Bahn unterwegs ist, zu Fuß geht oder sein Fahrrad benutzt, statt mit dem Auto zu fahren, spart Energie.

Wer zu Hause Energiesparbirnen in seine Lampen dreht, spart Energie.

Wer darauf achtet, dass seine elektrischen Geräte – Musikanlage, Fernseher und Computer – nicht 24 Stunden am Tag im Stand-by-Betrieb darauf warten, angeschaltet zu werden, spart Energie.

Wer schon beim Einkauf bemüht ist, nur wenig Verpackung mitzukaufen, spart Energie.

Wer Mehrwegverpackungen verwendet, wer Umweltschutzpapier benutzt, spart Energie.

Man sieht: Menschen können ihr Verhalten ändern. Das ist gar nicht so schwer.

(Autorentext)

Lies den Text mithilfe der Detektivmethode und ergänze die Mindmap auf der nächsten Doppelseite.
Tipp: Mit allen anderen Übungstexten kannst du zur Vorbereitung der Klassenarbeit entsprechende Mindmaps in deinem Heft anlegen.

Hast du die Methode verstanden?

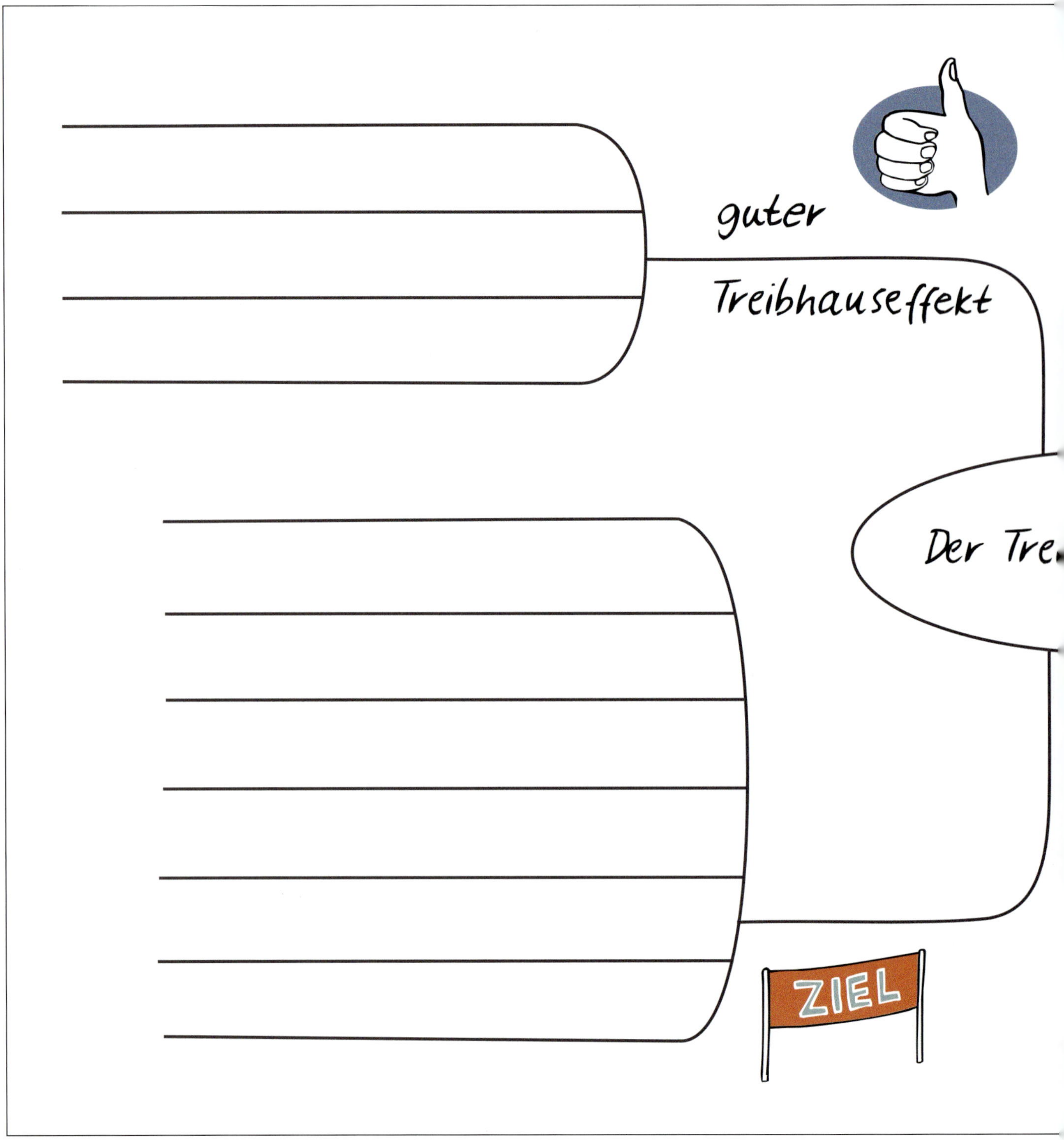

Wenn deine Mindmap gelungen ist, dann solltest du mit ihrer Hilfe folgende Fragen beantworten können:

1. Wodurch unterscheidet sich der gute Treibhauseffekt vom schlechten Treibhauseffekt?
2. Wie entsteht der schlechte Treibhauseffekt?
3. Welche Folgen hat die Erderwärmung durch den Treibhauseffekt?
4. Was kann jeder Einzelne gegen die Erderwärmung tun?

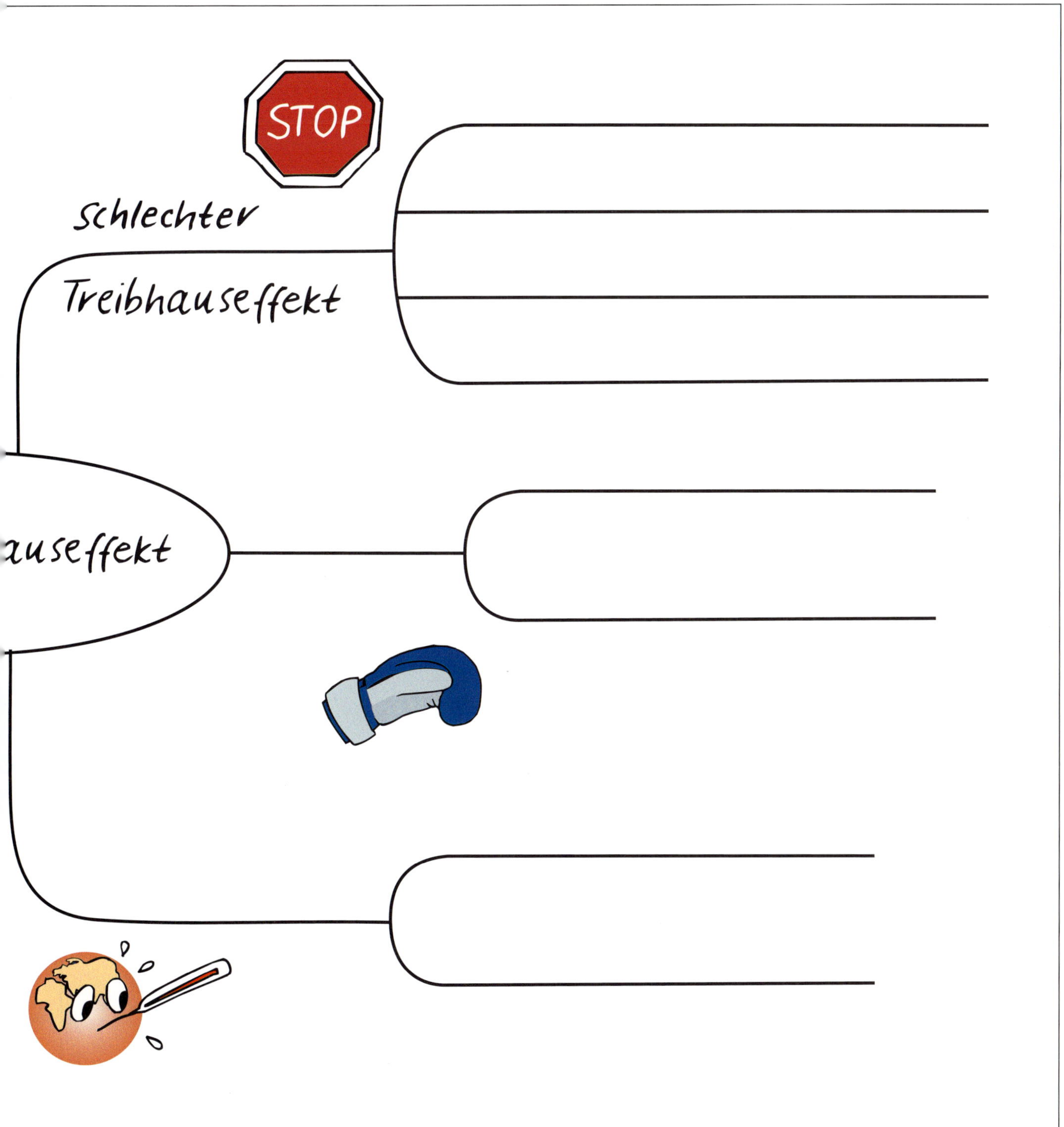

Bewertungsbogen Klassenarbeit

Schwierige Texte als Mindmap wiedergeben

Bewertungsmerkmale	☺	😐	☹
Zur Lesemethode:			
Hast du die Schritte der Detektivmethode angewendet und das Thema des Textes formuliert?			
Hast du zu den einzelnen Abschnitten des Textes interessante Fragen gestellt?			
Hast du die Schlüsselwörter markiert?			
Hast du die Nebeninformationen markiert und den Schlüsselwörtern zugeordnet?			
Zur Mindmap:			
Hast du Oberbegriffe gefunden und für die Hauptäste einprägsame Teilüberschriften formuliert?			
Hast du alle wichtigen Schlüsselwörter notiert?			
Hast du die bedeutsamen Nebeninformationen erkannt und richtig zugeordnet?			
Hast du die Informationen sachlich, knapp und verständlich formuliert?			
Zur Form:			
Hast du leserlich und horizontal geschrieben?			
Hast du Farben sinnvoll eingesetzt?			
Sind die Hauptäste und Nebenlinien sauber von dir angelegt worden?			
Veranschaulichst du die Inhalte mit Symbolen und Bildern?			
Zum Lernverhalten:			
Hast du konzentriert gearbeitet?			

Zwei Dinge, die dir besonders gut gelungen sind:

1. ______________________________

2. ______________________________

Zwei Dinge, die du in Zukunft besser machen musst:

1. ______________________________

2. ______________________________

1	2	3	4	5	6	Φ	Σ

Datum: ____________ Note: ____________ Unterschrift: ____________

Leseführerschein

Modul 3 | Detektivmethode Schwerpunkt „Gliedern“

Der Textdetektiv / Die Textdetektivin

____________________ ____________________

Vorname Name

kann die Detektivmethode sicher auf Texte

des Übungslevels ____ anwenden.
(A, B, C)

Er/Sie hat folgende Arbeitstechniken und Fähigkeiten besonders intensiv trainiert:

1. Er/Sie kann Schlüsselwörter des Textes erkennen.
2. Er/Sie kann Oberbegriffe bilden und damit Teilüberschriften und Hauptäste einer Mindmap anlegen.
3. Er/Sie kann den Oberbegriffen wichtige Informationen richtig zuordnen.
4. Er/Sie kann Texte gliedern und als Mindmap wiedergeben.

____________________ ____________________

Ort, Datum Unterschrift des Deutschlehrers/ der Deutschlehrerin

Lesemethode
Schaubilder verstehen

Immer dann, wenn die Ergebnisse von umfangreichen statistischen Untersuchungen anschaulich dargestellt werden müssen, greift man auf Schaubilder zurück. Dazu werden Texte, Zahlendiagramme und Bilder miteinander kombiniert. Schaubilder findest du in Schulbüchern ebenso wie in Zeitungen und Zeitschriften. Und auch im Internet begegnen sie dir.
Die Vielzahl der Informationen auf engstem Raum macht es zuerst einmal schwer, Schaubilder zu verstehen. Sobald man aber gelernt hat, sie mit System zu lesen und die wichtigen Informationen von den unwichtigen zu unterscheiden, kann man sich mit Schaubildern schnell über aktuelle Entwicklungen informieren und seine Meinung mit konkreten Fakten begründen.

Wenn du ein Schaubild verstehen willst, dann gehst du am besten folgendermaßen vor:

1. Schritt: Ich suche das Thema.
Dazu stelle ich mir die Frage: „Wovon handelt das Schaubild?" Die Antwort finde ich meistens schon im Titel und Untertitel des Schaubildes. Ich lese zudem noch alle Teilüberschriften, um sicher zu sein. Dann notiere ich das Thema des Schaubildes.

2. Schritt: Ich verschaffe mir einen Überblick.
Da Schaubilder nur kleine Textbausteine haben, empfiehlt es sich, alle genau und mehrfach zu lesen.
Oft wird in den Textbausteinen schon eine Bezugsgröße (z. B. *in Tausend)* oder Maßangabe (z. B. *in Millionen Tonnen)* angegeben. Unterstreiche sie schon jetzt und verschaffe dir Klarheit über ihre Bedeutung.

3. Schritt: Ich beschreibe die Strukturelemente.
In der Regel bestehen Schaubilder aus drei Elementen, den Textbausteinen, den Diagrammen und den Bildern.
- Ich zähle und benenne die Diagramme.
- Ich beschreibe das Bild.

4. Schritt: Ich schaue mir die Zahlen genau an.
Folgende Fragen helfen mir dabei, die Zahlen zu verstehen:
- Welche Maßangaben werden im Schaubild verwendet?
- Spielen Jahreszahlen eine Rolle?
- Über welchen Zeitraum wird eine Entwicklung dargestellt?
- Welche Werte sind besonders auffällig (höchste Werte, niedrigste Werte, ähnliche Werte, abweichende Werte)?
- Welche Ursachen kann es für auffällige Werte geben?

5. Schritt: Ich überlege, welche Informationsabsicht vorliegt.
In jedem Schaubild steckt neben der Information auch ein Appell. Um herauszufinden, welche Wirkung mit dem Schaubild beabsichtigt ist, muss ich versuchen, folgende Fragen zu beantworten: Will der Autor warnen, ruft er mit seinem Schaubild zu einer Verhaltensänderung auf, will er Mitgefühl oder Empörung hervorrufen?

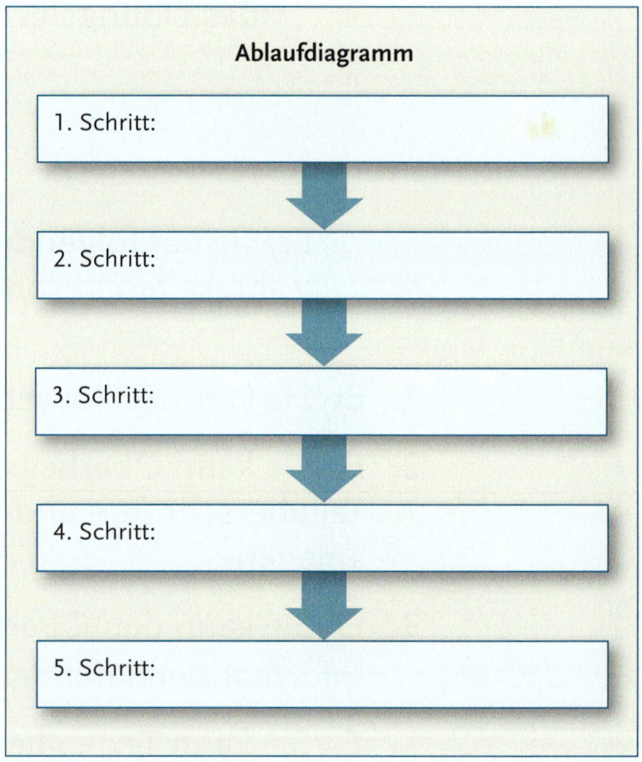

Lege zu dieser Methodenseite ein Ablaufdiagramm an, dass die Reihenfolge deiner Arbeitsschritte beschreibt.

Die wichtigen Informationen eines Schaubildes findest du immer in den Diagrammen. Auf sie musst du deshalb beim Lesen besonders achten. Damit dir dies leichter fällt, musst du zuerst einmal die verschiedenen Diagrammtypen kennenlernen.
Um dir die Namen der verschiedenen Diagrammtypen besser merken zu können, fülle die Textlücken aus.

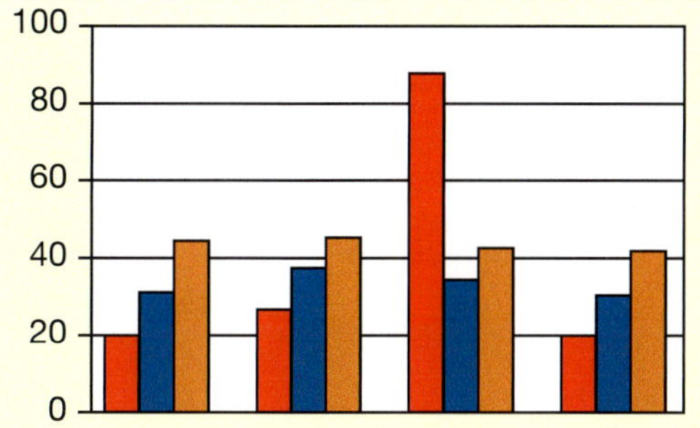

Säulendiagramm

Das ______________________ eignet sich besonders zum Vergleich von Zahlenwerten, die nicht in Prozent ausgedrückt werden.

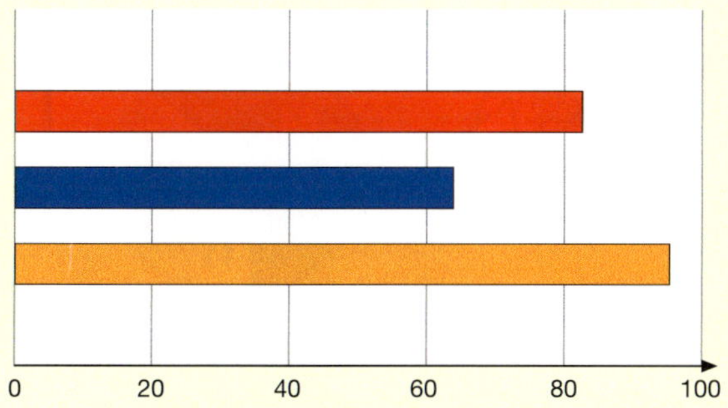

Balkendiagramm

Das ______________________ ist eine Spielart des Säulendiagramms, bei dem die „Säulen" nicht stehen, sondern liegen. Mit ihm können verschiedene Werte gut miteinander verglichen werden. Beim Lesen von Säulen- und Balkendiagrammen musst du immer zuerst die Bezugsgröße oder Maßeinheit, in der die Zahlen angegeben sind, klären.

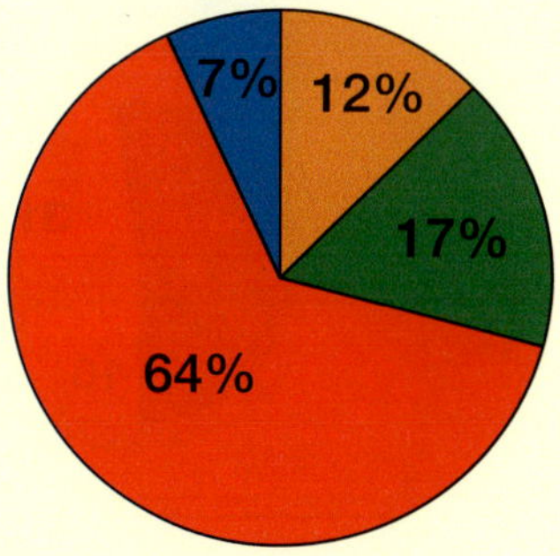

Scheibendiagramm

Das ______________________-, Kreis- oder Kuchendiagramm wird häufig benutzt, wenn Prozentangaben (oder „... von Hundert") dargestellt werden müssen.

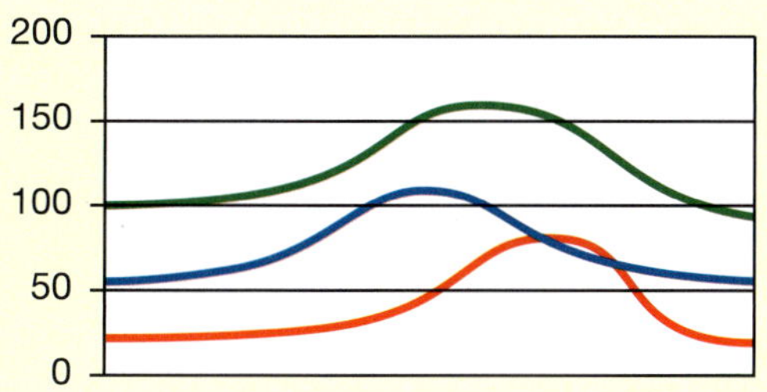

Kurvendiagramm

Das ______________________ steht immer in einem Koordinatensystem. Es zeigt in der Regel Entwicklungen über einen längeren Zeitraum. Es hat auf der X-Achse und auf der Y-Achse Bezugsgrößen, die du unbedingt klären musst, damit du den Wert der Zahlen erkennen kannst.

Werkzeugkiste „Schaubilder beschreiben“

Mit den fett gedruckten Begriffen kannst du jedes Schaubild beschreiben. Verfahre mit den folgenden Schaubildern auf die gleiche Weise. Dann hast du dir die Begriffe schnell eingeprägt und es wird dir leichtfallen, ein Schaubild zu verstehen, über es zu sprechen oder es in einem Text schriftlich zusammenzufassen.

Titel des Schaubildes

Teilüberschrift

Untersuchungsbereich

Erläuterung durch **Legende** mit **Untertitel:** Sie erklärt die Strukturelemente (Farben, Formen, ...).

Bild: Es veranschaulicht das Thema und hilft bei der Bewertung.

Diagrammtyp: Kreisdiagramm

Teilüberschrift: Sie benennt, was untersucht worden ist.

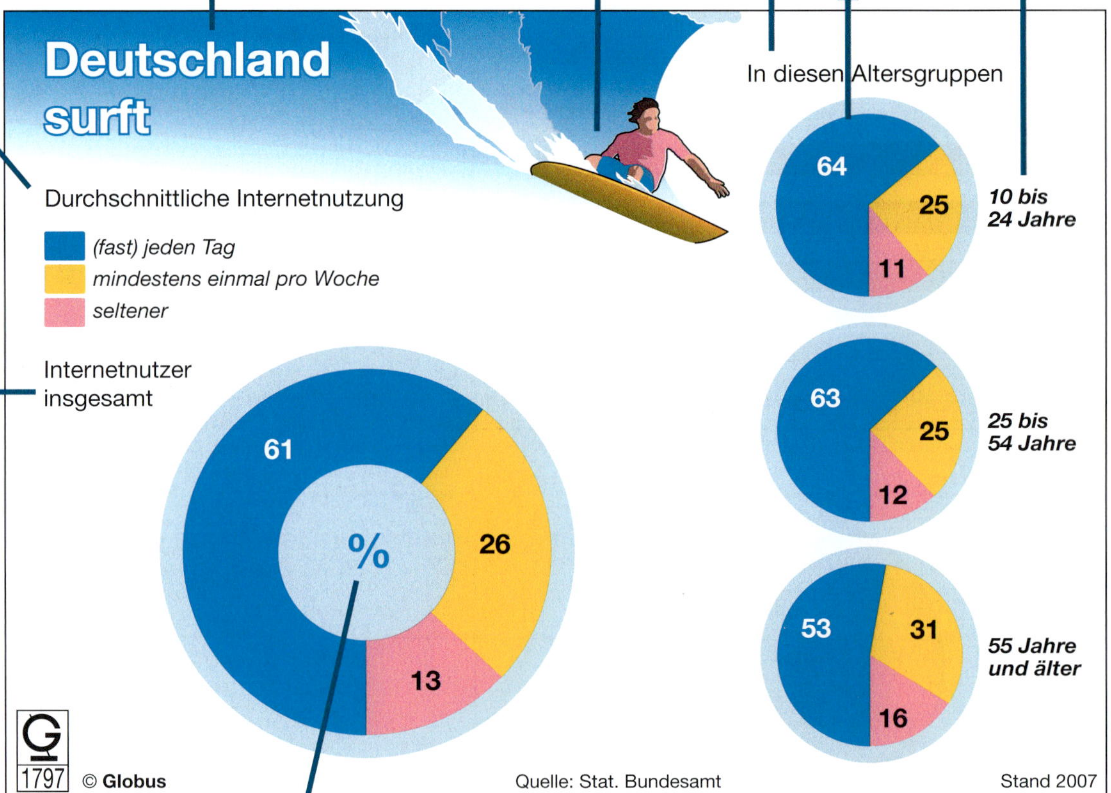

„Globus“ heißt der **Verlag,** der dieses Schaubild mit der Nummer „1797“ veröffentlicht hat.

Bezugsgröße/Maßeinheit: Sie gibt den wahren Wert der Zahlen an (hier in Prozent = %, oft in Tausender- oder Millioneneinheiten).

Das Statistische Bundesamt ist die **Quelle** für die Zahlen zu diesem Schaubild.

Bezugszeitraum: Die Zahlen stammen aus dem Jahr 2007. Das ist wichtig, um die Aktualität des Schaubildes einschätzen zu können. Generell gilt: Je älter die Zahlen sind, desto weniger überzeugen sie, zum Beispiel als Argumente in einer Diskussion.

Hast du die Methode verstanden?

1 Beschrifte das Diagramm, indem du die richtigen Ziffern an die Pfeile schreibst.

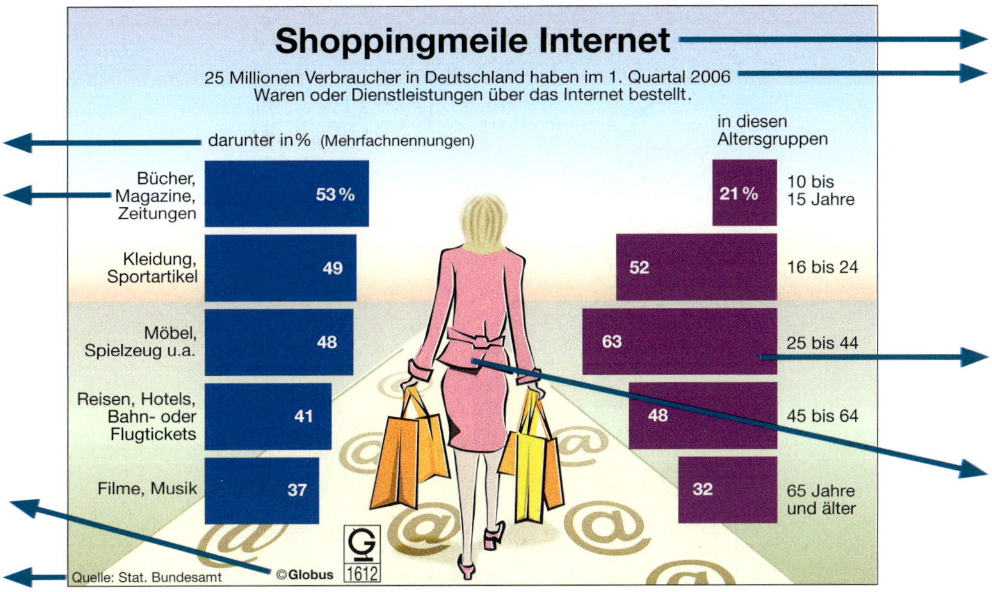

1 = Titel, 2 = Erläuterung, 3 = Balkendiagramm, 4 = Bezugsgröße oder Maßangabe, 5 = Untersuchungsbereich, 6 = Bild, 7 = Verlag, 8 = Quelle

2 Ordne den einzelnen Schritten der Methode die Textaussagen zu. Schreibe dazu die Buchstaben auf die Linie hinter dem entsprechenden Schritt der Methode.

1. Schritt: ____________________
2. Schritt: ____________________
3. Schritt: ____________________
4. Schritt: ____________________
5. Schritt: ____________________

A Ich verschaffe mir einen Überblick.
B Ich überlege, welche Ursachen es für auffällige Werte geben kann.
C Ich stelle mir die Frage: „Wovon handelt das Schaubild?“
D Ich beschreibe die Strukturelemente.
E Ich beschreibe das Bild.
F Ich überlege, welche Informationsabsicht vorliegt.
G Ich zähle und benenne die Diagramme.
H Ich unterstreiche die Bezugsgröße.
I Ich schaue mir die Zahlen genauer an.
J Ich suche das Thema.

Training Level A

Lies das Schaubild mithilfe der Methode und beschrifte es. Beantworte die Fragen aus dem Aufgabenkasten.

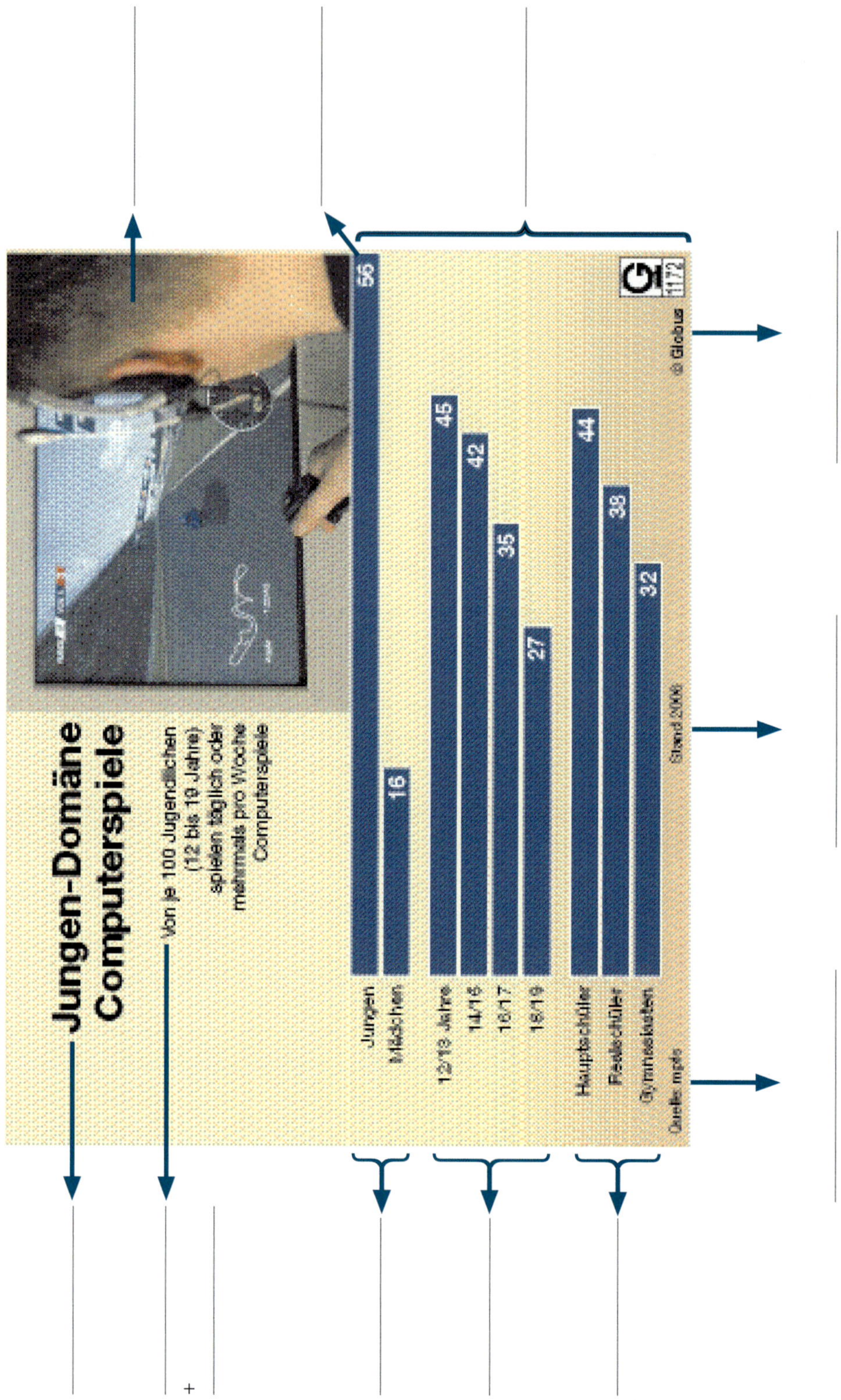

1. Nenne und erkläre den Titel des Schaubildes.
2. Notiere zu jedem der drei Untersuchungsbereiche mindestens eine wichtige Information.
3. Wie lange sollten deiner Meinung nach Kinder und Jugendliche vor dem Computer sitzen? Begründe deine Aussage.

Arbeitsblatt Level A
Ein Säulendiagramm anlegen

Forme die beiden anderen Balkendiagramme wie im Beispiel in Säulendiagramme um. Kreuze danach die richtigen Antworten an.

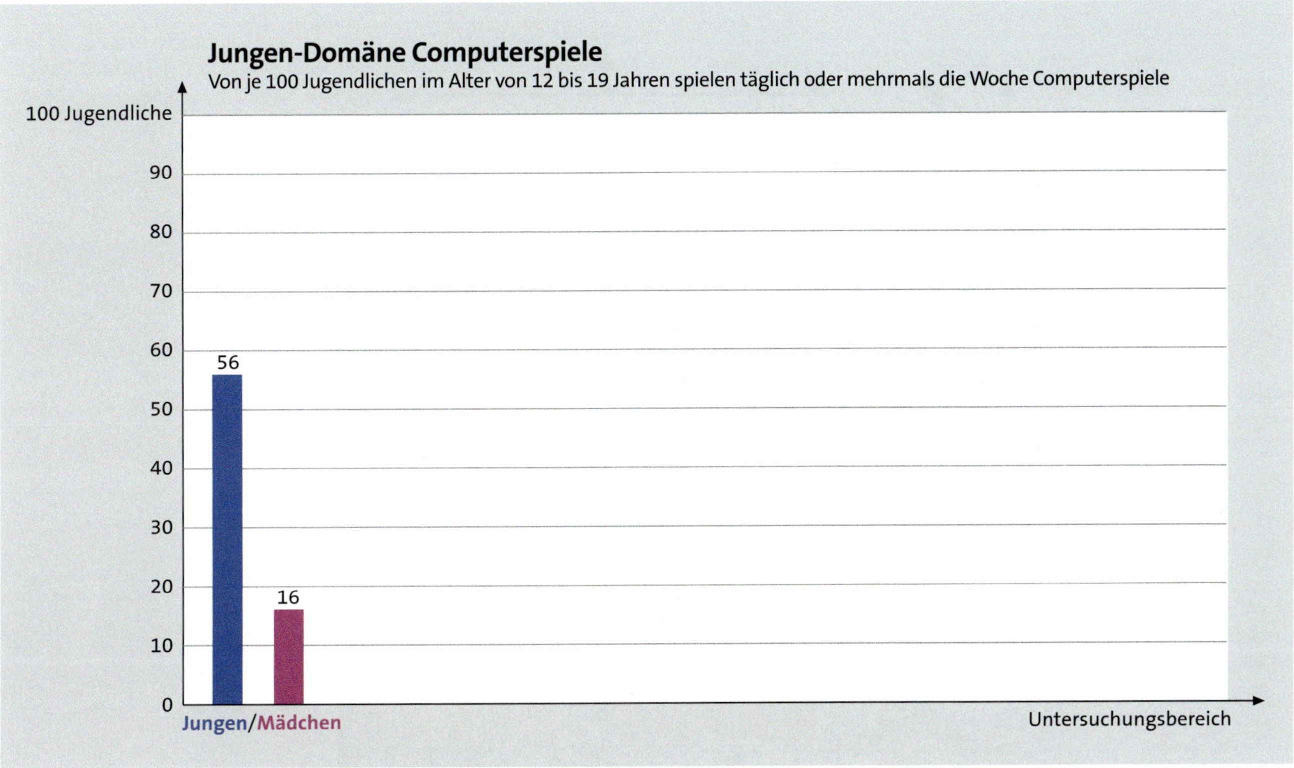

Zweimal richtig, einmal falsch!

1. Ergebnisse nach Altersgruppen

A Jungen spielen doppelt so oft am Computer wie Mädchen. ☐

B Jugendliche im Alter von 12/13 Jahren spielen beinahe doppelt so oft wie Jugendliche im Alter von 18/19 Jahren. ☐

C Je älter Jugendliche werden, desto weniger Zeit verbringen sie mit Computerspielen. ☐

2. Ergebnisse nach Schularten

A Schüler an Gymnasien spielen häufiger als Realschüler. ☐

B Jugendliche Hauptschüler spielen im Durchschnitt fast genauso oft wie Jugendliche der Altersgruppe 12/13 Jahre. ☐

C Von 100 Gymnasiasten spielen 32 täglich oder mehrmals pro Woche Computerspiele. Bei den Hauptschülern sind es 44 von 100. ☐

Anmerkung: Die Bezugsgröße „*von 100*“ kann auch in Prozent ausgedrückt werden. Wenn es also heißt, *56 von 100 Jungen spielen täglich oder mehrmals pro Woche Computerspiele*, dann kann man auch sagen, *56 Prozent der Jungen spielen täglich oder mehrmals pro Woche Computerspiele*.

Training Level B

Lies das Schaubild mithilfe der Methode und beschrifte es. Beantworte die Fragen aus dem Aufgabenkasten.

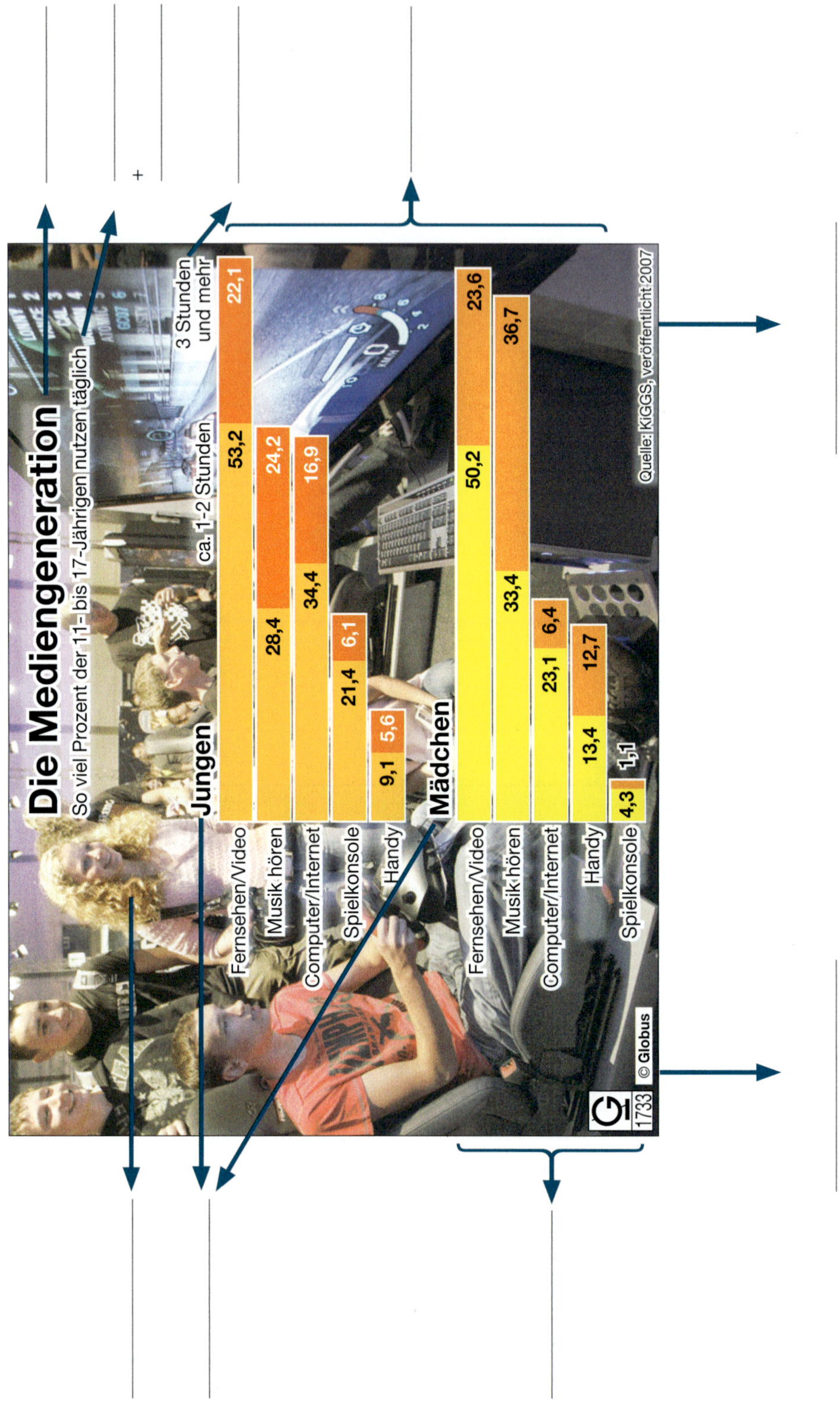

1. Nenne und erkläre den Titel des Schaubildes.
2. Notiere die drei bedeutendsten Unterschiede in der Mediennutzung zwischen Jungen und Mädchen.
3. Welche Auswirkungen hat dies deiner Meinung nach auf das Verhalten und die Leistungsfähigkeit von Jugendlichen?

Arbeitsblatt Level B
Ein Diagramm in eine Tabelle umformen

Vergleiche die Mediengewohnheiten von Jungen und Mädchen. Trage dazu die entsprechenden Werte in die beschriftete Tabelle ein.
Lege dann für die Mediennutzung von 3 Stunden und mehr eine ähnliche Tabelle an.
Danach solltest du den Lückentext ohne Probleme ausfüllen können.

Tägliche Mediennutzung circa 1 bis 2 Stunden

Jungen und Mädchen im Alter von 11 bis 17 Jahren
Angaben in Prozent

Untersuchungsbereich	Jungen	Mädchen
Fernsehen/Video		
Musik hören		
Computer/Internet		
Spielkonsole		
Handy		

Tägliche Mediennutzung 3 Stunden und mehr

Untersuchungsbereich	Jungen	Mädchen
Fernsehen/Video		
Musik hören		
Computer/Internet		
Spielkonsole		
Handy		

Lückentext „Die Mediengeneration“

So viel ________________ der 11- bis 14-Jährigen nutzen täglich die ________________.

Etwa 75 Prozent der ______________ schauen mindestens eine Stunde täglich Fernsehen.

Fast genauso viel wie die Mädchen. Während _____ Prozent der Mädchen täglich mindestens eine Stunde Musik hören, sind es nur _____ Prozent der Jungen. Auch bei der Nutzung des ______________________ liegen die Mädchen vor den Jungen. Dafür nutzen Jungen ________________ /________________ und ____________________ wesentlich häufiger als Mädchen.

Training Level C

Lies das Schaubild mithilfe der Methode und beschrifte es. Beantworte die Fragen aus dem Aufgabenkasten.

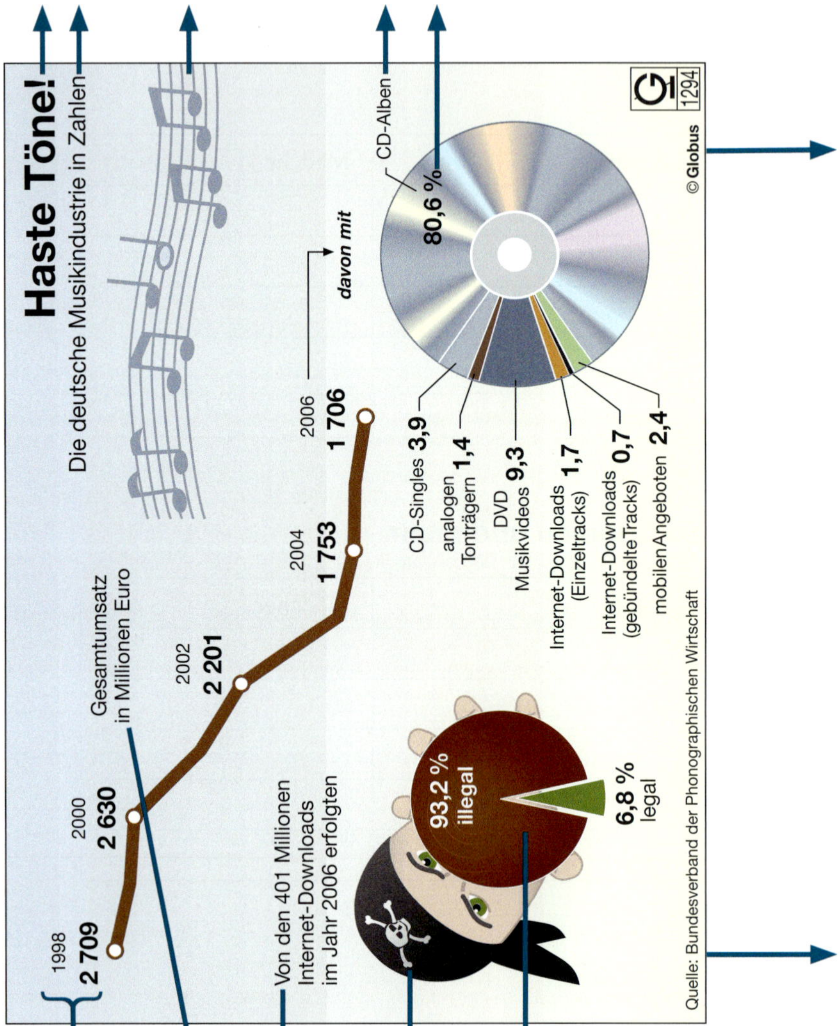

1 Nenne und erkläre den Titel des Schaubildes.
2 Welche Auswirkungen hat das illegale Verhalten auf die Musikindustrie?
3 Ist Musikpiraterie ein Kavaliersdelikt? Begründe deine Meinung.

Arbeitsblatt Level C
Ein Kurvendiagramm umgestalten

Forme das Kurvendiagramm des Schaubildes wie im Beispiel vorgegeben in ein Säulendiagramm um. Kreuze danach die richtigen Antworten in der Tabelle an.

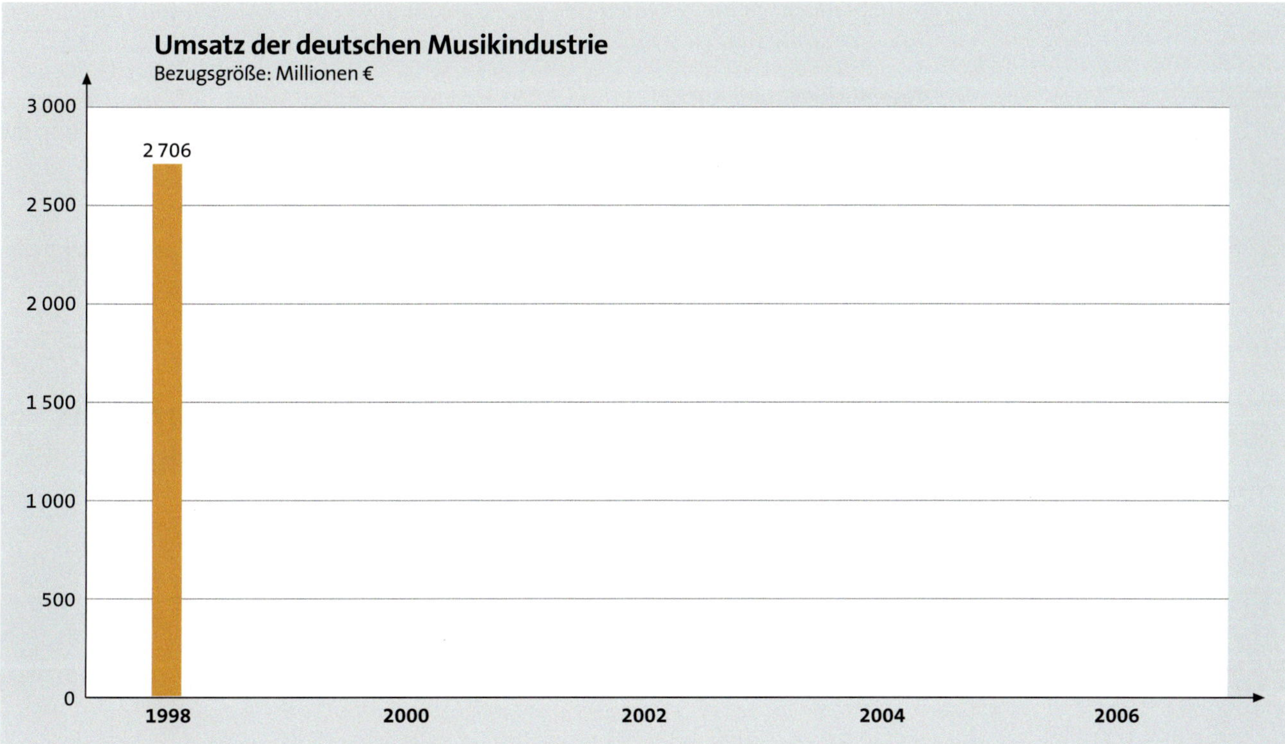

Richtig oder falsch?

	richtig	falsch
Über 90 Prozent der Musikdownloads sind legal.		
6,8 Prozent der Musikdownloads sind nicht strafbar und legal.		
Der Schaden durch illegale Downloads ist für die Musikverlage gering.		
Von 1998 bis 2006 sank der Gesamtumsatz der Musikindustrie.		
Die Musikverlage setzten 2006 etwa eine Milliarde weniger um als acht Jahre zuvor.		
Der Umsatz der Musikindustrie hat sich in den letzten Jahren gut entwickelt. Die Kurve zeigt nach oben. Deshalb sind auch keine Arbeitsplätze in Gefahr.		
Der Gesamtumsatz der Musikindustrie besteht zu mehr als 80 Prozent aus CD-Alben.		
Mit Internet-Downloads erwirtschaftet die Musikindustrie weniger als 1 Prozent ihres Gesamtumsatzes.		
CDs spielen heute für die Musikindustrie keine Rolle mehr.		
Musikpiraterie ist in Deutschland kein großes Problem.		

Präsentationsmethode Lexikonartikel

Worum geht es?

Wer in einem Lexikon etwas nachschlägt, will sich über einen bestimmten Sachverhalt informieren. Er erwartet von einem Lexikonartikel ...

✓ **Sachliche Richtigkeit**
Deshalb muss ich die Lesemethode gewissenhaft anwenden. Sonst besteht die Gefahr, wichtige Informationen zu übersehen oder sie falsch zu verstehen.

✓ **Wesentlichkeit und Kürze**
Deshalb muss es mir gelingen, wichtige Informationen im Gesamtzusammenhang zu erkennen und zugleich weniger Wichtiges auszublenden.

✓ **Übersichtlichkeit**
Die Umformung eines Schaubildes in einen Text darf nicht auf Kosten der Übersichtlichkeit geschehen. Deshalb muss mein Textaufbau durchdacht und klar gegliedert sein.

Um diese drei Merkmale eines guten Lexikonartikels umzusetzen, muss ich folgendermaßen vorgehen:

1. Schritt: Ich wende die Lesemethode zum Verstehen von Schaubildern an.
2. Schritt: Ich mache mir Notizen.
3. Schritt: Ich gliedere meine Notizen so, dass eine klare Struktur entsteht.
4. Schritt: Ich überprüfe und ergänze meine Notizen.
5. Schritt: Ich schreibe meinen Lexikonartikel.

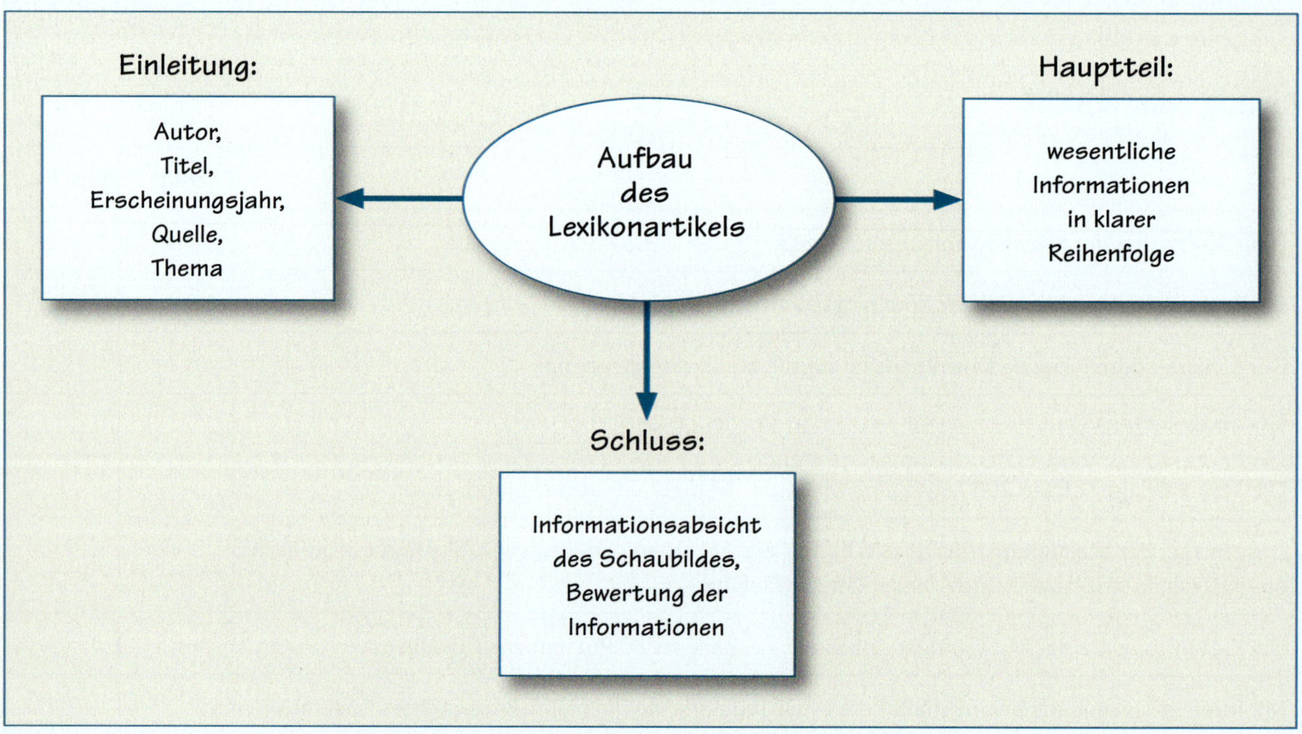

✓ Tipp: Der Lexikonartikel wird im Präsens/Perfekt verfasst.
✓ Tipp: Ich benutze bei der Beschreibung des Schaubildes jene Fachbegriffe, die ich bereits bei der Beschriftung der Strukturelemente des Schaubildes verwendet habe.

Präsentationsmethode Vorträge halten

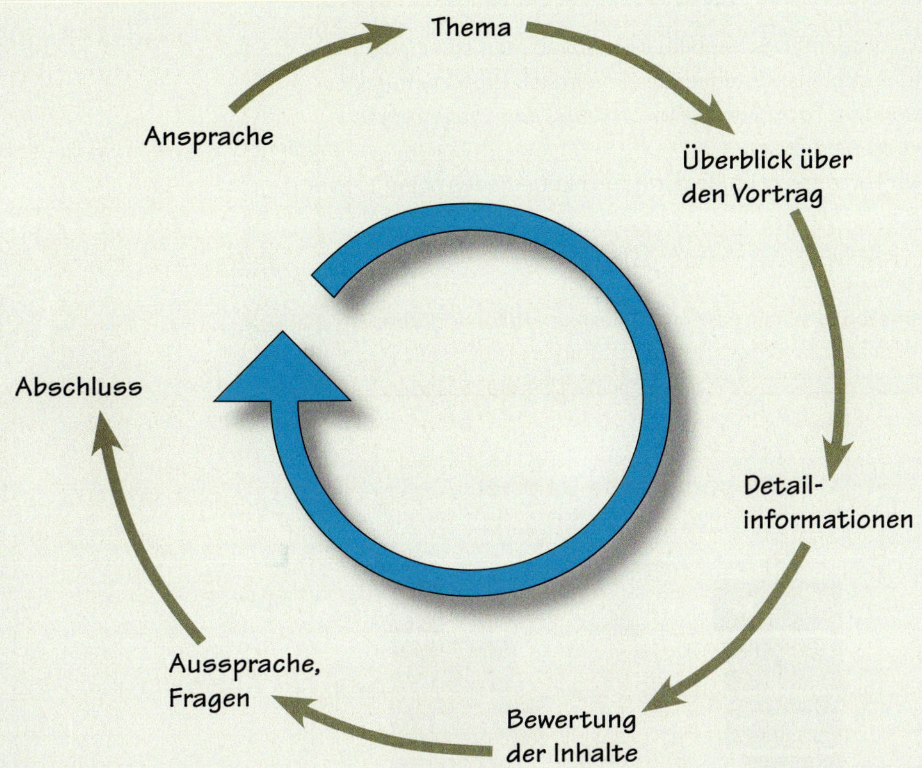

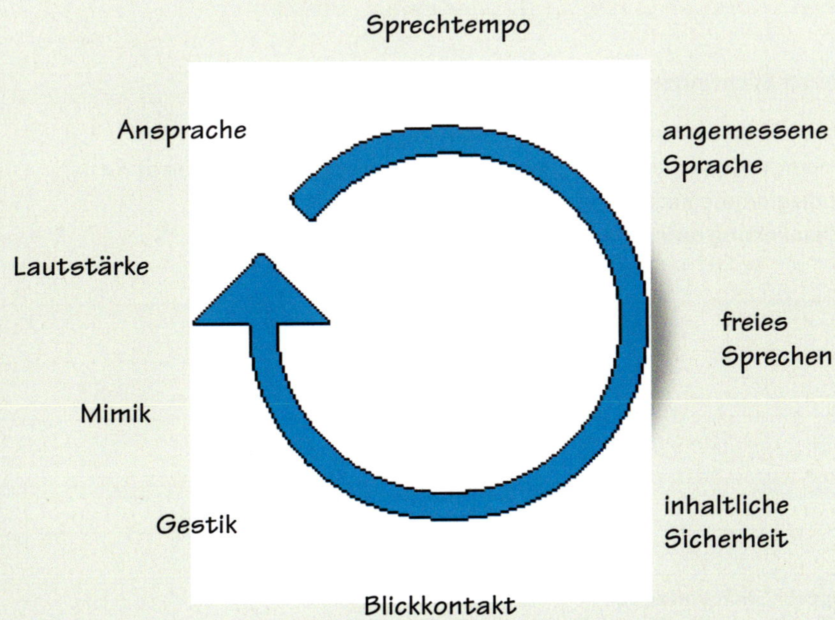

Schaubilder wollen erklärt werden. Sehr oft geschieht dies mündlich. Deshalb findest du in diesem Kapitel eine zweite Präsentationsmethode.
Eine gute Präsentation wird wie ein Lexikonartikel vorbereitet.
Anstelle der schriftlichen Ausformulierung tritt nun allerdings der mündliche Vortrag.

Lege zu der gewählten Präsentationsmethode eine Mindmap an. Wenn du dir nicht mehr sicher bist und nicht mehr weißt, wie das geht, dann schlage im Modul 3 nach.

Abschlussübung zur Vorbereitung der Klassenarbeit

Schaubilder analysieren und beschreiben

Hier kannst du anhand des bereits bekannten Schaubildes üben, wie man einen gegliederten Stichwortzettel anlegt. Mit ihm planst du einen Lexikonartikel. Profis benutzen für einen Vortrag jedoch eine besondere Form von Stichwortzettel, den „abgetreppten Stichwortzettel". Auch das kannst du hier üben.

1 Ergänze den gegliederten Stichwortzettel mithilfe der Informationen des abgetreppten Stichwortzettels.

2 Lege zu den Informationen des gegliederten Stichwortzettels entsprechende „Abtreppungen" in deinem Heft an.

3 Trainiere beide Präsentationsmethoden: Schreibe einen Lexikonartikel und übe einen Vortrag ein.

Gegliederter Stichwortzettel:

Thema: **Das Schaubild handelt von Käufen im Internet.**

Bezugsgröße: 25 Millionen Verbraucher im Bezugszeitraum 1. Quartal 2006, Angabe in %

Aufbau: **2 Balkendiagramme nach Warengruppe, nach Altersgruppen**
Veranschaulichung durch Frau mit Einkaufstaschen

wichtige Aussagen: ______________________

____

____

Bewertung: ______________________

____

Abgetreppter Stichwortzettel:

Warengruppen → Top 5: Bücher, Kleidung, Möbel und Spielzeug, Reisen, Filme und Musik → Nr. 1: Bücher usw., 53 %

Käufergruppen → Nr.1: 25 bis 44, 63 % kaufen im Netz
Nr. 2 und 3: 16 bis 24 und 45 bis 64 → Schlusslicht: Kinder und Jugendliche bis 15 Jahre (21 %) und 65 und älter (32 %)

Lexikonartikel zu einem Schaubild erstellen

Bewertungsmerkmale	☺	😐	☹
Zur Lesemethode:			
Hast du die Strukturelemente des Schaubildes beschriftet?			
Hast du das Thema formuliert?			
Zum Aufsatz:			
Stehen alle wichtigen Informationen (Titel, Verlag, Bezugszeitraum und Thema) in deiner Einleitung?			
Hast du folgende Bausteine in deinem Hauptteil verwendet? • Beschreibung der Strukturelemente • Darstellung wichtiger Zahlen und Aussagen			
Hast du einen bewertenden Schluss verfasst, der aus folgenden Elementen besteht? • Aussageabsicht des Schaubildes • kritische Bewertung der Aussagen des Schaubildes			
Hast du angemessen formuliert und stimmen • Ausdruck, • Grammatik, • Satzbau, • Rechtschreibung?			
Zum Lernverhalten:			
Hast du konzentriert gearbeitet?			

Was dir besonders gut gelungen ist:

____

____

Was du in Zukunft noch besser machen musst:

____

____

1	2	3	4	5	6	Φ	Σ

Datum: __________ **Note:** __________ **Unterschrift:** __________

Bewertungsbogen

Schaubilder präsentieren

Name: ______________________ **Vorname:** ______________________ **Klasse:** __________

Beurteilungskriterium	**gute Leistung** **2 Punkte**	**zufriedenstellende Leistung** **1Punkt**	**nicht zufriedenstellende Leistung** **0 Punkte**
1. Umfang des Vortrags Sind die Zeitvorgaben eingehalten worden? Ist die Zeit zügig genutzt worden?			
2. Qualität der Informationen Aufbau, Reihenfolge, Zusammenhang, Wichtigkeit			
3. Qualität des Vortrags Sprache, Lautstärke, Sprechtempo			
4. Qualität des Vortrags Sicherheit im freien Sprechen, Blickkontakt, Mimik, Gestik			
5. Qualität der Visualisierung Übersichtlichkeit, Anschaulichkeit, Größe			
6. Kreative Sonderleistung Material, interaktives Material für die Hand der Zuhörer			
Punkteverteilung	12/11 Punkte = sehr gut 10/9 Punkte = gut	8/7 Punkte = befriedigend 6/5 Punkte = ausreichend	4/3/2 Punkte = mangelhaft
Gesamtpunkte:	**Note:**	**Unterschrift:**	**Unterschrift der Eltern:**

Leseführerschein

Modul 4 | Schaubilder verstehen

Der Schüler / Die Schülerin

____________________ ____________________

Vorname Name

kann die Lesemethode sicher auf Schaubilder

des Übungslevels ____ anwenden.

(A, B, C)

Er/Sie hat folgende Arbeitstechniken und Fähigkeiten besonders intensiv trainiert:

1. Er/Sie kann die Elemente eines Schaubildes erkennen und benennen.
2. Er/Sie kennt verschiedene Diagrammformen.
3. Er/Sie kann einfache Diagramme selbstständig anlegen.
4. Er/Sie kann Inhalte von Schaubildern präsentieren und schriftlich wiedergeben.

____________________ ____________________

Ort, Datum

Unterschrift des Deutschlehrers/
der Deutschlehrerin

Lesemethode
Argumentierende Texte verstehen

Warum muss ich das können?

In Zeitungen oder Zeitschriften findest du häufig Texte, in denen andere Menschen ihren Standpunkt zu wichtigen Themen darlegen. Solche Texte können eine große Hilfe sein, wenn du dich – aus welchen Gründen auch immer – mit diesen Themen auseinandersetzen musst. Die Autoren dieser Texte haben dir bereits viel Arbeit abgenommen, denn sie haben Argumente gesammelt, mit denen sie ihren Standpunkt besser vertreten können. Wenn du solche Texte gründlich analysierst, musst du dir nicht mehr selbst die Mühe machen, Argumente zu suchen, um andere Menschen von deiner Meinung zu überzeugen.
Allerdings musst du dir die Mühe machen, die Argumente kritisch unter die Lupe zu nehmen, denn Menschen können sich irren oder auch nur die halbe Wahrheit sagen.

Wie gehe ich am besten vor?

Phase A: Argumente suchen

1. Schritt: Ich verschaffe mir einen Überblick und finde heraus, wovon der Text handelt.
- Lies dazu die Überschrift und unterstreiche den Leitbegriff.
- Dann überfliege den Text und suche nach fett oder kursiv gedruckten Begriffen, nach Zwischenüberschriften und Aufzählungen.
- Formuliere folgenden Satz zu Ende: „Der Text handelt von ..." Jetzt kennst du das Thema.

2. Schritt: Ich untersuche den Standpunkt des Autors.
Dies ist notwendig, um seiner Argumentation folgen zu können.
- Lies dazu den ersten und den letzten Abschnitt des Textes. Sehr oft kannst du dann folgende Fragen beantworten:
  1. Welche Meinung vertritt der Autor?
  2. Welche Forderungen stellt er?
  3. An wen wendet er sich?

3. Schritt: Ich nehme den Inhalt genauer unter die Lupe.
- Lies den Text und formuliere Zwischenüberschriften zu den einzelnen Abschnitten.
- Kläre für jeden Abschnitt folgende Fragen:
  1. Welche Behauptung (These) stellt der Autor auf?
  2. Mit welchen Belegen oder Zitaten begründet er seine Behauptung?
  3. Welche Beispiele veranschaulichen seine Behauptung?

Tipp: Unterstreiche dreifarbig.

Phase B: Argumente nutzen

4. Schritt: Ich setze die Argumentation in Beziehung zu mir selbst.
Es ist hilfreich und sinnvoll, abschließend über folgende Aspekte genauer nachzudenken:
- Was hat das Thema mit mir und meinem Leben zu tun?
- Gibt es verwandte Themen, auf die ich die Ergebnisse übertragen kann?
- Gibt es sinnvolle Gegenpositionen zu dem Thema?

5. Schritt: Ich formuliere meinen Standpunkt und kläre meine Argumentationssituation.
Wer argumentieren will, muss **erstens** wissen, wo er steht. Überlege also, ob du der Meinung des Autors bist und ob du seiner Argumentation folgen kannst. Bist du anderer Meinung, dann musst du versuchen, seine Argumentation zu widerlegen.
Wer argumentieren will, muss sich **zweitens** die Argumentationssituation klarmachen. Überlege also, wozu du die Argumente brauchst.
- In einer Diskussion oder Debatte musst du mündlich argumentieren und spontan auf die Argumente anderer eingehen. Dabei hilft ein Stichwortzettel.
- Im Brief, Leserbrief oder Kommentar musst du deine Argumente schriftlich ausformulieren. Hier kommt es weniger auf Schlagfertigkeit an, sondern darauf, die Argumentation sorgfältig durchdacht zu haben. In der Schule begegnet dir eine spezielle Form der Argumentation, die Erörterung.

Hast du die Methode verstanden?

Lies die Methodenbeschreibung mithilfe der Detektivmethode und fasse die beiden Phasen in dem Ablaufdiagramm zusammen.

- ______
- ______
- ______

Phase A:
1. Schritt:
Ich verschaffe mir einen Überblick.

↓

- ______

1. ______?
2. ______?
3. ______?

2. Schritt:
______

↓

- ______
- ______

1. ______
2. ______
3. ______

3. Schritt:
______

↓

- ______
- ______
- ______

Phase B:
4. Schritt:
______

↓

1. ______
2. ______

- ______
- ______

5. Schritt:
______

Werkzeugkiste „Exzerpieren“

L esen
E xzerpieren
G liedern
A ufsatz
L esen

In jedem guten Text wirst du wichtige Informationen, kluge Gedanken und schöne Formulierungen finden. Wenn du diese systematisch notierst, dann erstellst du ein Exzerpt. Es sollte alle wichtigen Textstellen enthalten, denn es bildet die Grundlage für deine weitere Arbeit. Exzerpiert wird erst im Anschluss an den dritten Schritt der Detektivmethode. Und so gehst du vor:

1. **Lesephase:** Du erkennst und *markierst* die wichtigen Textstellen mithilfe der Detektivmethode.
2. **Exzerptphase:** Du *notierst* wichtige Gedanken des Autors in Stichworten.
3. **Verwertungsphase:** Du *ordnest* und *gliederst* deine exzerpierten Informationen mithilfe von Oberbegriffen. Danach kannst du sie zum Beispiel in Form von Zitaten für eine eigene Argumentation nutzen.

Tipps für ein gelungenes Exzerpt:

1. Überlege, unter welchem Aspekt du lesen und markieren musst. Beachte dazu Leitfragen.
2. Stelle dir beim freien Exzerpieren selbst Leitfragen, die den Text gliedern und deinem Exzerpt eine Richtung vorgeben. Dies tust du nach der Lesephase.
3. Markiere und exzerpiere sparsam! Nur so kannst du dich von der Textvorlage lösen und eigene Gedanken entwickeln.
4. Achte darauf, dass dein Exzerpt übersichtlich gegliedert und gut lesbar ist.
5. Verwende Nummerierungen, Aufzählungen, Pfeile und andere Symbole, um den Zusammenhang der Textaussagen zu veranschaulichen.
6. Entwickle Oberbegriffe, um deine Informationen zu ordnen.
7. Arbeite immer mit deinem Exzerpt weiter, nie mit dem Originaltext. Nur so wird es dir gelingen, auch eigene Gedanken und Formulierungen zu entwickeln.

Verfahre mit den Trainingstexten auf den folgenden Seiten so wie mit dem Beispieltext.

Werbung für dich selbst! Insidertipps für einen gelungenen Auftritt

exzerpieren →

Auch wenn du die Grundregeln einer vollständigen Bewerbung beachten solltest, kann es sehr spannend und kreativ sein, Werbung für dich selbst zu machen. Du entwirfst so etwas wie deine Visitenkarte. Was du in deine Bewerbung schreibst und wie du sie gestaltest, sagt viel über dich aus. [...]

Ich bin der Richtige!

Fertige dein persönliches Anschreiben für jede Bewerbung speziell an. Einfach bei deinem Kumpel abschreiben oder dasselbe Anschreiben an verschiedene Unternehmen schicken gilt nicht. Denn das Anschreiben ist der Begleitbrief, in dem du deinen zukünftigen Chef davon überzeugst, dass du genau der Richtige für diesen Ausbildungsplatz bist. [...]

Mehr über mich ...

Dein Lebenslauf sollte lückenlos sein: Er enthält Informationen zu deiner Person und deiner Schulbildung. Wenn du noch Lücken in deinem Lebenslauf feststellst, überlege Folgendes: Habe ich in dieser Zeit irgendetwas gemacht, was mir in meiner persönlichen Entwicklung oder bei der Berufsorientierung geholfen hat? Auf alle Fälle nennen solltest du Praktika, Ferienjobs und Schulprojekte [...]. Aber auch Hobbys wie Sport oder Musik, Aktivitäten in Vereinen oder ehrenamtliche Aufgaben sind viel wert. Sie zeigen, dass du ein engagierter Typ bist. Das kommt gut an!

(Aus: Ready for job – Chancen für Jungs mit Zukunft. Hg. v. BW Bildung und Wissen Verlag und Software GmbH, S. 28)

Warum sollte man sich mit seiner Bewerbung Mühe geben?

1. „... sehr spannend und kreativ ...“
2. Bewerbung = Werbung für mich selbst
3. Bewerbung = „Visitenkarte“

Jedes Anschreiben muss neu angefertigt werden.

Warum?

→ Zweck: Überzeugung
→ „... genau der Richtige für diesen Ausbildungsplatz“

Lebenslauf:

- lückenlos
- „... Praktika, Ferienjobs und Schulprojekte, ... Hobbys wie Sport oder Musik, Aktivitäten in Vereinen oder ehrenamtliche Aufgaben ... zeigen, dass du ein engagierter Typ bist.“

1 Exzerpiere den Übungstext so, dass du die Leitfragen beantworten kannst:
- Warum spielen Noten eine große Rolle bei der Lehrstellensuche?
- Was kann ich bei schlechten Noten tun?

2 Stelle das Exzerpt deinem Banknachbarn vor und überlegt gemeinsam, was besser werden muss. Notiere dir diese Tipps.

Das zählt bei der Bewerbung: Schulleistung und persönlicher Einsatz

In der Berufsausbildung wird von jungen Menschen einiges verlangt. Die Ausbildungsbetriebe achten daher auf aktive Bewerber mit ordentlichen Schulleistungen.

An guten oder zumindest akzeptablen Schulnoten messen Betriebe, ob Jugendliche voraussichtlich einer Ausbildung bei ihnen gewachsen sind. Angehende Klempnerinnen und Klempner zum Beispiel sollten nicht nur gut rechnen, sondern sich auch im Kundengespräch verständlich ausdrücken. Zukünftige Verwaltungsfachkräfte müssen nicht nur Briefe schreiben, sondern auch Aufträge kalkulieren können. Jugendliche mit guten Noten in Deutsch und Mathematik finden leichter eine Ausbildungsstelle.

[...]

Liebeskummer, Stress mit Erwachsenen, Konzentrationsprobleme: Ursachen für schlechte Noten gibt es viele. Ein bescheidenes Zeugnis sagt aber nicht alles über Talent und Persönlichkeit eines jungen Menschen aus. Ihre Tochter oder Ihr Sohn sollte jetzt jede Gelegenheit nutzen, um Ausbildungsbetriebe kennenzulernen. Mit Leistung und Persönlichkeit kann Ihr Kind zeigen, dass mehr in ihm steckt, als Zeugnisnoten aussagen. Hierfür bieten sich folgende Möglichkeiten an:

Praktikum in den Ferien

Pflichtpraktika gehören zur Berufswahlvorbereitung der Schulen. Mit einem freiwilligen Praktikum in den Ferien beweist Ihr Kind einem Ausbildungsbetrieb Leistungsbereitschaft.

Probearbeit anbieten

Ein interessanter Ausbildungsbetrieb ist unsicher, ob Ihr Kind die Anforderungen erfüllen kann? Ihr Kind könnte eine einwöchige unbezahlte Probearbeit anbieten. Das signalisiert persönlichen Einsatz und erlaubt dem Unternehmen, zu prüfen, wie geeignet sein zukünftiger Azubi ist.

Ausbildungsmessen besuchen

Auf Ausbildungsmessen präsentieren sich Unternehmen, die Auszubildende suchen. Fragen Sie Kammern, Innungen oder das Berufsinformationszentrum (BIZ), welche Ausbildungsmessen in Ihrer Region stattfinden. Ermutigen Sie Ihr Kind, interessante Betriebe direkt auf der Messe anzusprechen.

Tage der offenen Tür nutzen

Achten Sie in den lokalen Medien darauf, welcher Betrieb einen „Tag der offenen Tür“ anbietet. Schlagen Sie vor, gemeinsam dort hinzugehen. So gewinnt Ihre Tochter/Ihr Sohn erste Eindrücke von der Arbeitswelt und kann in einer Bewerbung viel besser beschreiben, warum sie/er sich für einen bestimmten Beruf interessiert.

(Aus: Mach's richtig. Eltern und Berufswahl. Ausgabe 2007/2008. Hg. v. Bundesagentur für Arbeit, S. 12 f.)

Exzerpiere den Text.

Unterstützung während der Schulzeit: Arbeitsweltklasse

Kein Bock auf Schule? Kaum noch Aussichten darauf, den Hauptschulabschluss zu erreichen? Dadurch keine Chance auf einen Ausbildungsplatz?

An Jugendliche mit solch trüben Zukunftsperspektiven wendet sich ein freiwilliges Förderprojekt der Trierer Initiative für Arbeitslose [...], das auch von Berufsberatern begleitet wird.

Die Arbeitsweltklasse ist [...] die erste Phase eines zweiteiligen Konzepts. Maximal zwölf Schülerinnen und Schüler [...] werden ein Jahr lang von Lehrkräften, einem Sozialarbeiter und einem Diplom-Pädagogen betreut. Das Programm: Pro Woche vier Tage Unterricht, an einem Tag pro Woche Praktikum in einem Betrieb. Der Unterricht konzentriert sich auf Deutsch, Mathematik und Arbeitslehre sowie wechselnde Nebenfächer. Die Berufsberatung kommt regelmäßig zu Gesprächen in die Arbeitsweltklasse und hilft den Jugendlichen dabei, ihre Ziele in Sachen Beruf und Ausbildung zu klären.

Wer in der Arbeitsweltklasse begonnen hat, sich aus eigener Kraft bessere Zukunftsaussichten zu verschaffen, hat die Garantie, [...] danach auch einen Platz in einem ein- bis zweijährigen berufsvorbereitenden Lehrgang zu bekommen. In diesem Lehrgang [...] lernen die Teilnehmerinnen und Teilnehmer verschiedene Berufsfelder in Übungswerkstätten und in Betrieben kennen und finden so heraus, welcher Ausbildungsberuf für sie infrage kommt. Mehr noch: Sie besuchen die Berufsschule und können – ganz wichtig – den Hauptschulabschluss nachholen. [...]

Mut und Einsatz zur neuen Lust am Lernen – zwei Beispiele

Heiko Hoppstetter, 14 Jahre

In der 7. Klasse ging es mit den Noten total bergab. Damals in meiner früheren Schule war ich im Unterricht zwar noch körperlich anwesend, aber ich habe geistig abgeschaltet. Einfach nicht mehr mitgemacht. Das war zu der Zeit, als ich wegen der Hänseleien meiner Klassenkameraden auf nichts mehr Bock hatte. Schule hatte mich noch nie richtig interessiert. Aber bis dahin hatte ich zumindest alles gemacht, was unbedingt nötig war. Am Ende des Schuljahres spürte ich: Ich musste raus, irgendetwas musste sich verändern.

Heute, in der Arbeitsweltklasse, ist alles anders: Ich werde nicht gehänselt, ich verstehe mich mit den meisten anderen. Und ich lerne leichter. Weil der Lernstress nicht so groß und der Unterricht viel abwechslungsreicher als früher ist, nicht so trocken, mit mehr praktischen Aufgaben. Im Praktikum habe ich die Arbeit von Kunstschmieden kennengelernt. Dass mich ein Beruf so faszinieren kann, hätte ich nie gedacht. Eigentlich hatte ich mich noch nie für etwas richtig begeistert. Der Meister in der Schmiede hat gesagt, dass ich Talent hätte. Ich habe mir fest vorgenommen, nach der Arbeitsweltklasse [...] den Hauptschulabschluss zu schaffen. Und dann suche ich mir einen Ausbildungsplatz – in meinem Traumberuf.

Sabrina Kosanke, 15 Jahre

Die Arbeitsweltklasse ist für mich wie ein Neuanfang. In meiner früheren 8. Klasse war ich in einer Sackgasse angekommen: Fünfer in Mathe, Englisch und Deutsch, im Unterricht war ich nur selten, wurde immer wieder krank und kam mit den Mitschülern überhaupt nicht mehr zurecht. Ich weiß nicht, wie es weitergegangen wäre, wenn mein Klassenlehrer und ein Schulsozialarbeiter nicht von der Arbeitsweltklasse erzählt hätten. Lust hatte ich zwar keine, aber etwas Besseres fiel mir auch nicht ein.

Früher war ich eine Außenseiterin, in der Arbeitsweltklasse ist eine ganz andere Stimmung: Wir sind alle gleich, alle in einer ähnlichen Situation. Auch wenn wir uns beim Lernen in Leistungsgruppen aufteilen. Im Unterricht braucht sich niemand zu schämen, wenn er etwas nicht kann. Ich war überrascht, dass ich so schnell wieder Lust bekommen habe – darauf, mich anzustrengen und etwas aus mir zu machen. Klar, ich bin noch immer keine Überfliegerin. Es gab auch schwierige Momente, in denen ich mich überwinden musste, morgens aufzustehen und pünktlich in der Schule zu sein. Aber ich habe kein einziges Mal blaugemacht! Für mich ist ganz wichtig, dass wir in jeder Woche einen Praktikumstag in einem Betrieb haben. Einen Tag Pause von der Schule, einen Tag arbeiten – das brauche ich.

Heute denke ich mehr als früher an die Zukunft. Es sieht ganz gut aus. Die Bäckerei, in der ich mein Praktikum mache, hat versprochen, mir einen Ausbildungsplatz als Fachverkäuferin im Nahrungsmittelhandwerk freizuhalten. Noch ein halbes Jahr in der Arbeitsweltklasse, dann [...] will ich den Hauptschulabschluss packen – und dann erlerne ich endlich einen Beruf.

(Aus: Bundesagentur für Arbeit: Was werden. Das Magazin der Berufsberatung Nr. 3, 2002, S. 5 f.)

Lösungen

Vorkurs: Das Problem und die Lösung

Seite 14/15 **Detektivmethode: Schwierige Sachtexte lesen und verstehen**

Aufgabe 2: *Fragen am Seitenrand von oben nach unten:*
Ich verschaffe mir einen Überblick und kläre das Thema.
Falls vorhanden, betrachte ich ein Bild und lese die Bildunterschrift.
Dann überfliege ich den Text, lese die Überschriften und unterstreiche wichtige Wörter.
Ich formuliere den Satz zu Ende: „Der Text handelt von ..."
Aufgabe 3: *Die Schritte 1 bis 4 sind entsprechend der aufgezählten Handlungsschritte zu beschreiben.*
Jede Frage ist dem entsprechenden Handlungsschritt zugeordnet.
Nach der Besprechung kann das Lesezeichen (S. 15) ausgefüllt und gegebenenfalls kopiert werden.

Seite 16/17 **Hast du die Methode verstanden?**

In fortlaufender Reihenfolge:
1. Schritt: Bild – Überschrift – Wörter – Schlüsselbegriffe – Der Text handelt von ...
2. Schritt: denke – nach – zwei Fragen – lese – einmal ganz – Fragen – Antworten
3. Schritt: zähle – nummeriere – lese – Abschnitt – Abschnitt – unterstreiche – Nummerierungen – Aufzählungen – Lexikon
4. Schritt: Schlüsselbegriffe – wichtigen Informationen – lese – korrigiere – ergänze

Modul 1: Detektivmethode – Schwerpunkt „Fragen"

Seite 19 **Detektivmethode – Schwerpunkt „Fragen"**

1. ... interessant.
2. ... einen Moment Zeit und überlegt, was er über das Thema weiß. – ... was er über das Thema wissen will, und stellt mindestens zwei Fragen, die ihn interessieren. – ... liest er den Text einmal ganz und überlegt, ob seine Fragen beantwortet worden sind.

Seite 20/21 **Training/Arbeitsblatt Level A**

Seite 20: Berühmt wurden durch den Film „Jurassic Park" der Velociraptor, der Tyrannosaurus und der Brachiosaurus.
Die Antworten sollten in ganzen Sätzen gegeben werden.
Seite 21, 1: 1B – 2C – 3C – 4B – 5A

Seite 23 **Arbeitsblatt Level B**

Karteikarte (Rückseite) von oben nach unten gelesen:
Die meisten Dinosaurier waren Pflanzenfresser.

Seite 25 **Arbeitsblatt Level C**

2: eine Million Jahre
3: Erde wurde kühler – Futter wurde knapp – Meeresspiegel sank – Vulkane brachen aus
4: Aufprall eines Meteoriten
5: Eierschalen wurden zu dünn ... – Eierschalen wurden zu dick ...

Seite 26/27 **Abschlussübung zur Vorbereitung der Klassenarbeit**

Antwort 1: schreckliche Echse
Antwort 2: Dinosaurier haben ihre Beine unter dem Bauch.
Antwort 3: auf dem Land
Antwort 4: Krokodile haben ihre Beine seitlich am Körper.
Antwort 5: Reptilien
Antwort 6: vor 225 Millionen Jahren, vor 65 Millionen Jahren starben sie aus
Antwort 7: Erdmittelalter
Antwort 8: lebten im Erdmittelalter, waren Reptilien, lebten auf dem Land, hatten die Beine unter dem Körper
Antwort 9: Vögel, Säugetiere, Insekten, Spinnen, Amphibien

Modul 2: Detektivmethode – Schwerpunkt „Markieren"

Seite 32 **Werkzeugkiste „Markieren"**
Von oben nach unten gelesen:
Schlüsselbegriff: keltisches Jahrtausend
Wichtige Informationen: 1200 v. Chr. bis Christi Geburt, lebten in Teilen West-, Mittel-, Südeuropas und Kleinasiens und auch in England und Bayern, Entwicklung von der Bronzezeit zur Eisenzeit
Schlüsselbegriff: Kultur
Wichtige Informationen: keltische Kultur, kein keltischer Staat, kein keltisches Volk; Stämme und Häuptlinge
Schlüsselbegriff: Sagen
Wichtige Informationen: König Artus und die Tafelrunde

Seite 33 **Hast du die Methode verstanden?**
Abschnitt – zähle – lese – unterstreiche – Nummerierungen – Aufzählungen – Lexikon – frage sparsam – wichtigen – Wörter – Wortgruppen – zwei – Schlüsselbegriffe – Farbe

Seite 34 **Training Level A**
Schlüsselbegriff: Lebensweise
Wichtige Informationen: Ende der Eiszeit, natürlicher Klimawandel, Wachstum von Gras und Getreide, Frauen legen Felder an, Großtierarten sterben aus
Schlüsselbegriff: Alltag
Wichtige Informationen: Menschen müssen sich um Felder und Vieh kümmern, bauen Häuser
Schlüsselbegriff: Folgen
Wichtige Informationen: jungsteinzeitliche Revolution, Überfluss an Lebensmitteln, Lebenserwartung wächst, neue Krankheit

Seite 35 **Arbeitsblatt Level A: Dreimal richtig, einmal falsch!**
Richtig: 1a (Zeile 4f.), 1c (Zeile 8f.), 1d (Zeile 12f.)
Richtig: 2a (Zeile 14f.), 2b (Zeile 15f.), 2c (Zeile 18f.)
Richtig: 3a (Zeile 26f.), 3b (Zeile 30f.), 3d (Zeile 23f.)

Seite 37 **Arbeitsblatt Level B**
Übergang zum Mannesalter: Haar wird ..., wird durch eine ...
Zweijährige Militärzeit: beginnt mit ..., danach ist ..., besteht aus ...
Mädchen: heiraten oft ..., lernen zu Hause ..., heiraten sehr früh ..., besuchen keine Schule ..., können häufig nicht ...
Auswahl des Ehepartners: Eltern bestimmen ..., Entscheidung wird ...
Mitgift: muss bei ..., wichtig bei ..., geht in den Besitz ...

Seite 39 **Arbeitsblatt Level C**
Marcella, Marcus und Claudius als Erwachsene:
Marcella: verheiratet, Kinder
Marcus: erfolgreicher Handwerker, Schmied, Lieferant des Heeres
Claudius: Politiker, Richter, leitet Landgut
Arme und wohlhabende Kinder:
Arme Kinder besuchen oft keine Schule, Schulgeld, keine Schulpflicht, wohlhabende Kinder besuchen verschiedene Schulen
Ausbildung der Mädchen:
Besuchen nur selten die Schule, werden zu Hause auf ihre Aufgabe als Ehefrau und Mutter vorbereitet
Elementarschule: Lesen, Schreiben, Rechnen, Schulgeld, harte Strafen, Unterricht im Freien, Besuch bis zum 12. Lebensjahr
Höhere Schule: Grammatik, Dichtung, Schulgeld
Hochschule: Rhetorik, Schulgeld, bereitet auf den Beruf des Politikers vor

Seite 40 **Präsentationsmethode – Inhaltsangabe**
Stichwort für den Spickzettel:
Kürze, Übersichtlichkeit und Sachlichkeit
Vorgehensweise: 1. Text lesen, 2. Markieren, 3. Wichtiges notieren, 4. Aufsatz nur mithilfe der Notizen schreiben
Merke: Nie vom Original abschreiben!

Modul 3: Detektivmethode – Schwerpunkt „Gliedern"

Seite 46/47 **Hast du die Methode verstanden?**

Die Äste der Mindmap können folgendermaßen beschrieben werden:

2. Text interessant machen:
   – Vorwissen
   – Fragen zum Text
   – lesen
3. Informationen sammeln:
   – Abschnitte nummerieren
   – Lesen und Informationen unterstreichen
   – Unbekanntes klären
4. Spuren sichern:
   – Schlüsselbegriffe und Informationen notieren
   – lesen
   – Notizen korrigieren

Seite 48/49 **Werkzeugkiste „Gliedern"**

1. Abschnitt:
Schlüsselbegriffe: Klimaerwärmung – Treibhauseffekt
Wichtige Informationen: warme Strahlen können hinein, aber nicht wieder raus – Atmosphäre besteht aus verschiedenen Gasen

2. Abschnitt:
Schlüsselbegriff: Treibhauseffekt
Wichtige Informationen: prima Sache – ohne schützende Lufthülle: minus 18 Grad – Problem – Erderwärmung durch steigenden Energieverbrauch der Menschen

3. Abschnitt:
Schlüsselbegriff: Deutschland Sommer 2003
Wichtige Informationen: verdorrte Wiesen – Flüsse haben wenig Wasser – Kraftwerke haben Kühlwasserproblem

Seite 50/51 **Training/Arbeitsblatt Level A**

Seite 50:
zu 1: Pflanzen verrotten, fossile Brennstoffe werden verbrannt
zu 2: Co_2 sammelt sich in der oberen Atmosphäre an; Sonnenstrahlen können rein, aber nicht mehr zurück ins Weltall, es wird immer wärmer
zu 3: Co_2 wirkt in der Atmosphäre wie Scheiben eines Treibhauses
zu 4: Gletscher schmelzen, Wasserspiegel steigt, sintflutartige Regenfälle, steigender Wasserspiegel, Pflanzen und Tiere sterben aus
Seite 51: C, B, A, B, C

Seite 52/53 **Training/Arbeitsblatt Level B**

Seite 53:
Abschnitt 2:
Schlüsselbegriffe: Ozonschicht, Schutzschild, UV-Strahlen
Oberbegriff: ... der Ozonschicht.
Abschnitt 3:
Schlüsselbegriffe: Antarktis, Ozonloch
Oberbegriff: ... dem Ozonloch.
Abschnitt 4:
Schlüsselbegriffe: FCKW, Treibgas
Oberbegriff: ... der Zerstörung der Ozonschicht.
Abschnitt 5:
Schlüsselbegriffe: steigende UV-Strahlung
Oberbegriff: ... den Folgen des Ozonlochs.
Abschnitt 6:
Schlüsselbegriffe: ... 1995 Deutschland, 2006 Montrealer Protokoll
Oberbegriff: ... dem FCKW-Verbot.

Seite 54/55 **Training/Arbeitsblatt Level C**

Eine sinnvolle Einteilung des Textes könnte folgendermaßen aussehen:
1. Abschnitt: Zeile 1 bis 8 (... 50 Milliarden Dollar.)
Überschrift: Kosten des Klimawandels
Schlüsselbegriffe: Folgen des Klimawandels, Hurrikan „Katherina“
2. Abschnitt: Zeile 8 bis Zeile 12 (... mit dem Auto.)
Überschrift: Ursachen des Klimawandels
Schlüsselbegriffe: Klimaschraube, CO_2-Ausstoß, Energieverbrauch
3. Abschnitt: Zeile 12 bis 21 (... oder Wind.)
Überschrift: erneuerbare Energien
Schlüsselbegriffe: nachwachsende Rohstoffe, Sonne, Erdwärme, Wasser, Wind
4. Abschnitt: Zeile 21 bis 27 (... zur Weltspitze.)
Überschrift: ... Vorteile erneuerbarer Energien
Schlüsselbegriffe: Ausstoß, Jobs
5. Abschnitt: Zeile 27 bis 36 (... gewonnen werden.)
Überschrift: Energie aus Biomasse
Schlüsselbegriffe: Holz, Stroh, Kuhfladen
6. Abschnitt: Zeile 37 bis 45 (... nicht immer.)
Überschrift: Energie aus Erdwärme
Schlüsselbegriffe: Geothermie, Wärme
7. Abschnitt: Zeile 45 bis 49 (... und Fassaden.)
Überschrift: Energie aus Solaranlagen
Schlüsselbegriffe: Strom und Wärme
8. Abschnitt: Zeile 49 bis 55 (... Atomkraftwerk ersetzen.)
Überschrift: Energie aus Windkraftanlagen
Schlüsselbegriffe: Windkraftanlagen, Offshore-Windpark
9. Abschnitt: Zeile 56 bis 70 (... wachsenden Branche.)
Überschrift: Erneuerbare Energien als Jobmotor
Schlüsselbegriffe: Jobmotor, Jobs, Aus- und Weiterbildung, Studienfach

Seite 56 **Präsentationsmethode – Mindmap**

Vier Hauptäste der Mindmap entsprechend der vier gliedernden Leitfragen:
Was ist das?, Warum muss ich das können?, ...
Die Nebenäste ergeben sich aus den Detailinformationen:
Was ist das? Gedächtnis- oder Denklandkarte – Zeichnungen, Symbole, Farben (zwei Nebenäste)
Warum muss ich das können? Informationen systematisch sammeln – Informationen gliedern und besser wiedergeben – Informationen merken (drei Nebenäste)
Die beiden anderen Hauptäste haben entsprechend der Aufzählung jeweils vier Nebenäste.

Seite 58/59 **Hast du die Methode verstanden?**

Im Uhrzeigersinn zu lesen, beginnend Seite 58 oben:
guter Treibhauseffekt: Atmosphäre als schützende Lufthülle, Wolldecke, Mond
schlechter Treibhauseffekt: Energieverbrauch, zweite Wolldecke
Ursachen: fossile Energieträger, Klimagas
Konsequenzen: Welt, Deutschland
Tipps: Autos stehen lassen, Energiesparlampen, Stand-by-Betrieb, Verpackungen, Mehrwegverpackung, Umweltschutzpapier
Meine Meinung: ...

Modul 4: Schaubilder verstehen

Seite 62/63 **Lesemethode – Schaubilder verstehen**

Lückentext: Säulendiagramm – Balkendiagramm – Scheibendiagramm – Kurvendiagramm

Seite 65 **Hast du die Methode verstanden?**

Aufgabe 1, *Beschriftung im Uhrzeigersinn von oben rechts:*
1, 2, 3, 6, 8, 7, 5, 4

Aufgabe 2, Zuordnung:
1. Schritt: A, H
2. Schritt: J, C
3. Schritt: D, G, E
4. Schritt: I
5. Schritt: F, B

Seite 66/67 **Training/Arbeitsblatt Level A**

Seite 66, Beschriftung des Schaubildes:
links, von oben gelesen: Titel – Erläuterung durch Legende + Bezugsgröße – Untersuchungsbereich – Untersuchungsbereich – Untersuchungsbereich
rechts, von oben gelesen: Bild – Untersuchungsergebnis – Diagrammtyp
unten: Quelle – Bezugszeitraum – Verlag
Seite 67, Arbeitsblatt:
Das Diagramm ist analog zu den Zahlen aus dem Schaubild anzulegen.
Zweimal richtig, einmal falsch!
Falsch sind 1A und 2A.

Seite 68/69 **Training/Arbeitsblatt Level B**

Seite 68, Beschriftung des Schaubildes:
links, von oben gelesen: Bild – Teilüberschrift – Untersuchungsbereich
rechts, von oben gelesen: Titel – Erläuterung + Bezugsgröße – Untersuchungsergebnis – Diagrammtyp
unten: Verlag – Quelle
Seite 69, Arbeitsblatt:
Tabelle oben: *Die Zahlen sind direkt dem Schaubild zu entnehmen.*
Tabelle unten: *Die Zahlen und die Beschriftung sind direkt dem Schaubild zu entnehmen.*
Lückentext: Prozent – Medien – Jungen – 70,1 – 52,6 – Handys – Computer/Internet – Spielkonsole

Seite 70/71 **Training/Arbeitsblatt Level C**

Seite 70, Beschriftung des Schaubildes:
links, von oben gelesen: Ergebnis – Diagrammtyp – Bezugsgröße – Erläuterung – Bild – Diagrammtyp + Ergebnis
rechts, von oben gelesen: Titel – Untertitel – Bild – Untersuchungsbereich – Bezugsgröße
unten: Quelle – Verlag
Seite 71, Arbeitsblatt:
Das Diagramm ist analog zu den Zahlen aus dem Schaubild anzulegen.
Richtig oder falsch?
1f, 2r, 3f, 4r, 5r, 6f, 7r, 8f, 9f, 10f

Seite 72/73 **Präsentationsmethode: Lexikonartikel**

Die Hauptäste der Mindmap „Lexikonartikel“ können folgendermaßen beschriftet sein:
Merkmale (3 Nebenäste), Schritte (5 Nebenäste), Aufbau (3 Nebenäste), Tipps (2 Nebenäste).
Die Hauptäste der Mindmap „Vorträge halten“ können folgendermaßen beschriftet sein:
Vorbereitung (5 Schritte der Methodenseite „Lexikonartikel“ = 5 Nebenäste), Aufbau und Inhalt (7 Nebenäste), Vortragstechnik (8 Nebenäste).

Seite 74 **Abschlussübung zur Vorbereitung der Klassenarbeit**

Die Informationen zu beiden Übungsformen sind lediglich umzuorganisieren. Bei der Abtrepp-Methode empfiehlt es sich, das Heft im Querformat zu beschriften. Das sorgt für bessere Lesbarkeit.

Modul 5: Argumentierende Texte verstehen

Seite 79 **Hast du die Methode verstanden?**

1. Schritt: Ich verschaffe mir einen Überblick und finde heraus, wovon der Text handelt. – Ich lese die Überschrift und unterstreiche den Leitbegriff. – Ich überfliege den Text.
2. Schritt: Ich formuliere das Thema des Textes und beantworte drei Fragen, um den Standpunkt des Autors herauszufinden. (Welche Meinung vertritt er? – Welche Forderungen stellt er? – An wen wendet er sich?)

3. Schritt: Ich nehme den Inhalt genauer unter die Lupe. – Ich lese den Text und suche Zwischenüberschriften. – Ich kläre drei Fragen. (Welche Behauptung (These) stellt der Autor auf? – Mit welchen Belegen oder Zitaten begründet er seine Behauptung? – Welche Beispiele veranschaulichen seine Behauptung?).

4. Schritt: Ich setze die Argumentation in Bezug zu mir selbst. – Ich beachte folgende Aspekte: Was hat das Thema mit mir und meinem Leben zu tun? – Gibt es verwandte Themen, auf die ich die Ergebnisse übertragen kann? – Gibt es sinnvolle Gegenpositionen zu dem Thema?

5. Schritt: Ich formuliere meinen Standpunkt. – Ich kläre meine Argumentationssituation: Diskussion oder Debatte = Stichwortzettel – Brief, Leserbrief, Kommentar = sorgfältige schriftliche Ausformulierung.

Seite 80/81 **Werkzeugkiste „Exzerpieren“**

Die Doppelseite veranschaulicht, wie Exzerpte aussehen können, und bietet eine Übung an, die durch Leitfragen strukturiert wird.

zu 1: Vergleiche Zeile 4f., 13f.

zu 2: Orientiere dich an den kursiv gedruckten Zwischenüberschriften. Sie beantworten die Frage.

Seite 82/83 **Training/Arbeitsblatt Level A**

zu 1: freiwilliges Förderprojekt für gescheiterte Jugendliche; 1. Phase: vier Tage Unterricht, ein Tag Betriebspraktikum, 2. Phase: berufsvorbereitender Lehrgang mit dem Ziel Hauptschulabschluss (ein oder zwei Jahre)

zu 2: Heiko wird nicht mehr gehänselt, versteht sich jetzt mit den anderen, lernt leichter. Sabrina sieht die Arbeitsweltklasse als Neuanfang, muss sich nicht mehr für schlechte Leistungen schämen.

zu 3: Heiko hat durch ein Praktikum seinen Traumberuf gefunden (Kunstschmied), er ist motiviert, den Hauptschulabschluss zu schaffen, um eine Ausbildung beginnen zu können. Sabrina hat Lust daran gefunden, sich anzustrengen. Sie will den Hauptschulabschluss schaffen und eine Ausbildung als Bäckereifachverkäuferin in ihrem Praktikumsbetrieb beginnen.

Seite 84/85 **Training/Arbeitsblatt Level B**

Die Lösungen sind exemplarisch vorgegeben.

Corinna behauptet, sich früh zu bewerben und Praktika zu nutzen, sei entscheidend.

Corinnas Behauptung: Entscheidend ist, dass man sich früh bewirbt.

Begründung: Corinna erhält Absagen und hat nun Zeit, weitere Bewerbungen zu verschicken. Erläuterung: Corinna gerät nicht unter Zeitdruck und kann in Ruhe weitere Schritte vorbereiten. Zitat: „Erste Augusthälfte: ...“

Ralf Bialkowsky rät zudem, persönliche Kontakte zu nutzen und die schulischen Voraussetzungen zu schaffen.

Begründung: Corinna wird bereits Mitte August zu einem Einstellungstest eingeladen. Erläuterung: Wenn sie sich später beworben hätte, wären die Bewerbungsverfahren bereits abgeschlossen und sie hätte ihre Chance vertan. Beispiel: 19. August: Einladung der AOK zum Einstellungstest. 2. September: Einladung zum Vorstellungsgespräch bei der Firma Kohl AG.

Seite 86/87 **Training/Arbeitsblatt Level C**

1. Abschnitt: ... Firmen potenzielle Auszubildende testen.
2. Abschnitt: ... Schulzeugnisse durch Prüfungen der Betriebe ergänzt werden, um die Stärken und Schwächen der Bewerber herauszufinden.
3. Abschnitt: ... Bewerbungstests viele Formen haben können (Intelligenz-, Persönlichkeits-, Leistungstests).
4. Abschnitt: ... Tests Stunden dauern können.
5. Abschnitt: ... nach den erfolgreich bestandenen Tests eine weitere Überprüfungsrunde folgt (Vorstellungsgespräche, praktische Tests).
6. Abschnitt: ... man sich selbst besser einschätzen kann.
7. Abschnitt: ... Informationen über den angestrebten Beruf abgefragt werden.
8. Abschnitt: ... richtige Vorbereitung die Chance auf Erfolg erhöht.

Seite 88 **Präsentationsmethode – Erörtern**

Der Spickzettel sollte folgende Informationen enthalten:

Vorgehensweise: Sammeln – Ordnen – Gliedern – Schreiben – Bewerten

Aufbau eines Arguments: Behauptung – Begründung und Erläuterung – Beispiel oder Zitat

Aufbau der Einleitung, des Hauptteils und des Schlusses entsprechend der Aufzählungen der Methodenseite

Seite 90/91 **Arbeitsblatt Aufsatzbewertung**

Die Analysefragen in der rechten Spalte von Seite 90 helfen bei der Bearbeitung des Bewertungsbogens „Tipps für einen besseren Aufsatz". Die gewonnenen Erfahrungen machen die Kriterien des Bewertungsbogens für die Klassenarbeit (Seite 92) transparent.

Frage 1: Ja, Zeile 1ff.
Frage 2: Ja, Zeile 3ff.
Frage 3: Nein, Beispiele fehlen, Zeile 12
Frage 4: Nein, das Argument „Praktika" muss vor dem Argument „frühzeitige Bewerbung" genannt werden, Zeile 8ff. vor 5f.
Frage 5: Nein, Bedeutung der Schulnoten fehlt
Frage 6: Nein, da die Problemfrage nicht lautet, ob man für Eignungstests ist, Zeile 26f.
Frage 7: Ja, Zeile 33ff.
Frage 8: Weitgehend: Zeile 5 Wortwiederholung (frühzeitig) – Zeile 6 Satzbau (... z. B. ...) – Zeile 17ff. Zeichensetzung (Zitat in Anführungszeichen) – Zeile 25 Grammatik (... von der Schule ...) – Zeile 28 Grammatik (... den Leuten ...)

Modul 6: Vorträge protokollieren

Seite 94/95 **Lesemethode – Vorträge protokollieren**

Stichworte für den abgetreppten Stichwortzettel:

Warum muss ich die Methode beherrschen?
– Mündliche Aussagen sind oft wichtig und müssen schriftlich festgehalten werden.
– Protokolle sind für mich Gedächtnisstütze, Lerngrundlage.
– Wer protokollieren kann, weiß mehr und wird deshalb eher Erfolg im Leben haben.
Wo liegt das Problem?
– Man hört das Gesagte nur einmal.
– Struktur muss erkannt werden.
– Konzentration über längeren Zeitraum
Wie mache ich das?
1. Schritt: Vorarbeiten
– Schreibunterlage – Blatt mit breitem Rand
2. Schritt: Vorausdenken
– Vorwissen – Thema, Anlass, Datum, Name des Redners notieren
3. Schritt: Mitschreiben
– Gliederung des Vortrags erkennen – in Stichworten oder kurzen Sätzen mitschreiben – wenn möglich nachfragen
4. Schritt: Nacharbeiten
– zeitnah – Oberbegriffe suchen und gliedern – Informationen ordnen – Text verfassen

Seite 96 **Hast du die Methode verstanden?**

Das Protokollblatt ist entsprechend der Struktur der Methodenseite angelegt und analog auszufüllen. Die Ergebnisse der Abtrepp-Methode (s. o., Aufgabe 1, Seite 95) sollten wortgetreu übernommen werden können.

Modul 7: Portfolioarbeit: Texte lesen – Texte schreiben

Seite 100/101 **Lesemethode: Portfolioarbeit: Texte lesen – Texte schreiben**

Der Dialog sollte auf folgende Stichpunkte eingehen:

Ursprung und Grundidee – Vorteile – Chance – Portfoliotypen – drei Funktionen – Pflicht- und Wahlthemen – Merkmale – Qualifikationen – Tipps zur Gestaltung

Seite 102 **Hast du die Methode verstanden?**

vier Qualifikationen: Zeitmanagement, Kreativität, Lese- und Schreibkompetenz, Disziplin
drei Funktionen: Leistungsnachweis (Was habe ich gelernt und was kann ich?), Reflexionswerkzeug (Wie habe ich gelernt?), Informations- und Kommunikationswerkzeug (Wie kann ich mein Wissen und meine Erfahrungen anderen mitteilen?)
zwei Aufgabentypen: Pflichtthemen – Wahlthemen
eine Grundidee: Bewerbung

Die Lernteufel: *(als Auswahl zu verstehen)*

Zeitmanagement: Ich arbeite nicht regelmäßig an meinem Portfolio. – Ich mache zu lange Pausen zwischen der Herstellung der Elemente. – Ich arbeite die Portfolioelemente nicht zeitnah zu meinen Erfahrungen (Beispiel: Besuch beim Arbeitsamt) aus.

Kreativität: Ich benutze immer dieselben Darstellungselemente. – Ich gebe mir keine Mühe mit dem Layout. – Ich verwende planlos Farben, Schrifttypen und Schriftgrößen. – Ich lege kein verbindliches Seitenlayout fest. – Ich lege keinen Wert auf Bilder usw.

Disziplin: Ich verschiebe die Fertigstellung der Portfolioelemente immer wieder. – Ich lasse Portfolioelemente aus Faulheit unter den Tisch fallen. – Ich halte keine Ordnung in meinen Portfolioelementen.

Persönliche Gestaltung: Ich mache mir keine eigenen Gedanken über mein Layout. – Ich kopiere Layout und Textelemente von Mitschülern (Vorsicht: Täuschungsversuch!!!). – Ich schmiere lustlos ein Deckblatt zusammen.

Seite 106 **Arbeitsblatt: Informationselemente**

Stichworte zum Inhalt, Text A: Anrede – Prozessbeschreibung – Buchbeschreibung

Stichworte zum Inhalt, Text B: Bedeutung der Veranstaltung – Ablaufbeschreibung – Befragung zur Bewertung der Veranstaltung

Stichworte zum Aufbau, Text A: Brief – zwei Abschnitte

Stichworte zum Aufbau, Text B: Bericht an die Schülerzeitung – vier Abschnitte

Stichworte zum Layout, Text A: Brieflayout – gestaltete Kopfzeile – Foto

Stichworte zum Layout, Text B: Kopfzeile – Foto

Seite 109 **Arbeitsblatt: Reflexionselemente**

Stichworte zum Inhalt, Text A: fiktive Erzählung (Busgeschichte) – Bezugnahme auf eigene Situation – Reflexion

Stichworte zum Inhalt, Text B: Wiedergabe des Seminarablaufs (Tagesablauf, Arbeitsformen und Arbeitsinhalte) – Abschlussreflexion

Stichworte zum Aufbau, Text A: drei Abschnitte

Stichworte zum Aufbau, Text B: Dialog – zwei Personen in Wechselrede

Stichworte zum Layout, Text A: Kopfzeile – Datum – Fließtext

Stichworte zum Layout, Text B: Kopfzeile – Datum – Überschrift – Dialogtext

Seite 112 **Arbeitsblatt: Coverletter**

Stichworte zum Inhalt, Text A: Anrede – Prozessbeschreibung – Elemente – Besonderheiten

Stichworte zum Inhalt, Text B: Anrede – Definition – Anlass – Zweck – Elemente

Stichworte zum Aufbau, Text A: Brief – vier Abschnitte

Stichworte zum Aufbau, Text B: Brief – vier Abschnitte

Stichworte zum Layout, Text A: Brieflayout – Kopfzeile

Stichworte zum Layout, Text B: Brieflayout – gestaltete Kopfzeile – Foto

Arbeitsblatt Level A
Fragen beantworten

1 Ordne dein Exzerpt mithilfe der vier Leitfragen.
2 Beantworte die Leitfragen. Sollte dies dir nicht gelingen, dann hast du wahrscheinlich nicht gründlich exzerpiert. Lies in diesem Fall den Text erneut und überprüfe deine Notizen.
3 Verfasse einen Leserbrief, in dem du erklärst, warum auch in Zukunft Arbeitsweltklassen eingerichtet werden sollen.

1. Wie funktioniert eine Arbeitsweltklasse?

2. Welche Erfahrungen haben Heiko und Sabrina in der Arbeitsweltklasse gemacht?

3. Was hat sich dadurch in ihrem Leben geändert?

4. Bilde dir ein Urteil: Warum kann eine Arbeitsweltklasse für Jugendliche mit Schulproblemen die Lösung sein?

Training Level B

Exzerpiere die Texte so, dass du die Leitfrage „Warum muss ich mich früh um meine Berufswahl kümmern?“ ausführlich beantworten kannst.

Ein weiter Weg

Die Realschülerin Corinna H. begann ihre Ausbildung zur Industriekauffrau am 1. August 2006. So sah ihr Zeitplan bis zum Ausbildungsbeginn aus.

Juni/Juli 2005: Ich schreibe meine ersten Bewerbungen – und zwar zur Versicherungs-, Industrie- und zur Bürokauffrau, zur Verwaltungsfachangestellten und zur Beamtin im Mittleren Dienst.

28. Juli: Die erste Antwort trifft ein. Von der Allgemeinen Ortskrankenkasse werde ich informiert, dass meine Bewerbung eingegangen ist und dass ich in einigen Wochen Näheres hören werde.

Erste Augusthälfte: Ich erhalte mehrere Absagen, bin zunächst frustriert, lasse mich aber nicht unterkriegen und schreibe weitere Bewerbungen, insgesamt etwa 20.

19. August: Von der AOK erhalte ich eine Einladung zu einem schriftlichen Einstellungstest. Es folgen noch zwei weitere Einladungen.

2. September: Von der Firma Kohl AG, bei der ich mich für eine Ausbildung zur Industriekauffrau beworben hatte, erhalte ich eine Einladung zu einem Vorstellungsgespräch. Ich bin sehr froh darüber und beginne mit der Vorbereitung.

Erste Oktoberwoche: Ich nehme an mehreren Einstellungstests teil.

10. Oktober: Das Gespräch bei der Firma Kohl findet statt. Es läuft gut, vor allem, weil ich mich so umfassend über die Firma und über den Beruf der Industriekauffrau informiert hatte. Ich werde gebeten, ein Praktikum in den Herbstferien zu absolvieren.

17.–21. Oktober: Ich mache das Praktikum. Am letzten Tag findet ein weiteres Gespräch statt, an dessen Ende man mir mitteilt, dass ich eine Ausbildung zur Industriekauffrau nach meinem Realschulabschluss am 1. August 2006 beginnen könne. Etwa zur gleichen Zeit erhalte ich auch eine Zusage von der Agentur für Arbeit, dass ich nach den erfolgreichen Eignungstests eine Ausbildung als Fachangestellte für Arbeitsförderung beginnen könne. Ich bin glücklich, denn ich kann zwischen zwei Ausbildungsplätzen wählen. Ich entscheide mich nach langem Zögern für die Ausbildung zur Industriekauffrau.

Alle weiteren Einladungen sage ich ab, um die Chancen anderer Bewerber zu verbessern. Ich weiß, dass ich Glück hatte. Entscheidend war, denke ich, dass ich schon so früh begonnen habe, mich zu bewerben und dass ich das Praktikum genutzt habe, meine Eignung unter Beweis zu stellen.

(Aus: Wolfgang Mattes (Hg.): Politik erleben, Schöningh Verlag, Paderborn 2007, S. 154)

Die Berufswahl vorbereiten

Ralf Bialkowsky trainiert seit vielen Jahren Jugendliche, die sich auf den Einstieg in das Berufsleben vorbereiten.

Viele Jugendliche tun sich schwer mit ihrer Berufswahl. Wann sollten sie anfangen, sich damit auseinanderzusetzen?

Grundsätzlich sollte man versuchen, möglichst früh in das Berufsleben hineinzuschnuppern. Nebenjobs kann man ab dem 14. Lebensjahr machen. Hier kann man erste Erfahrungen sammeln. Ist man im 8. Schuljahr, dann sollte man die Chance nutzen, in den Ferien freiwillige Praktika zu absolvieren, um sich zu orientieren.

Warum so früh?

Wenn man erst im 9. Schuljahr mit der Berufswahl beginnt, dann kann man höchstens zwei Praktika machen. Das ist zu wenig, um praktische Erfahrungen zu sammeln.

Was kann denn alles schiefgehen?

Wenn ich erst in der 9. Klasse mit meinem Berufswahlprozess beginne, dann kann es passieren, dass ich zu spät feststelle, ob der Beruf zu mir passt. Sollte sich herausstellen, dass mein Wunschberuf doch nichts für mich ist, dann habe ich kaum noch Zeit, mich neu zu orientieren. Aber ohne ein entsprechendes Praktikum habe ich kaum eine Chance auf eine Ausbildungsstelle in dem gewünschten Beruf.

Und was sind aus Ihrer Erfahrung die Hauptfehler bei der Berufswahl?

Ich beginne zu spät, mich ernsthaft mit meiner Berufswahl auseinanderzusetzen. Das ist der erste Fehler. Aber es gibt noch zwei weitere Fehler. Ich bin zu sehr auf einen Beruf festgelegt und kann nicht mehr flexibel auf alternative Ausbildungsangebote reagieren. Natürlich kann es auch sein, dass meine Fähigkeiten nicht zu meinen Interessen passen, dass ich also nicht genügend qualifiziert bin.

Welche Tipps können Sie den Jugendlichen, die ihren Beruf suchen, mit auf den Weg geben?

1. Tipp: Macht so viele Praktika wie möglich. Sie sind die Visitenkarten, die ihr bei der Bewerbung um eine Ausbildungsstelle abgebt.

2. Tipp: Nutzt persönliche Kontakte, um Praktikums- und Lehrstelle zu finden.

3. Tipp: Schafft die richtigen Voraussetzungen, d. h. gute Fachnoten und vor allem gute Kopfnoten.

Denkt daran: In der Regel ist das Zeugnis der 9. Klasse das Bewerbungszeugnis.

(Das Interview führte der Autor)

Arbeitsblatt Level B
Argumente gliedern

Ralf Bialkowsky nennt in dem Interview einige Gründe, warum man seine Berufswahl früh angehen sollte. Der Bericht von Corinna H. ist ein anschauliches Beispiel für ein geglücktes Bewerbungsverfahren. Lies beide Texte und versuche, zwei wichtige Gründe in das Argumentationsschema einzutragen.
Nach gleichem Muster kannst du weitere Argumente in deinem Heft notieren.

Corinnas Behauptung:

Begründung:

Erläuterung:

Beispiel oder Zitat:

Ralf Bialkowskys Behauptung:

Begründung:

Erläuterung:

Beispiel oder Zitat:

Training Level C

Exzerpiere den Text so, dass du die Leitfrage „Warum sollte ich mich auf das Bewerbungsverfahren gründlich vorbereiten?“ ausführlich beantworten kannst.

Es hört nie auf

Die Bewerbung ist verschickt, der Briefkasten steht unter Dauerbeobachtung, und endlich ist eine Antwort des Unternehmens da. Doch vor der Einladung zum Bewerbungsgespräch möchte die Firma ihre potenziellen neuen Auszubildenden erst mal auf Herz und Nieren testen: Mathematik, Fremdsprachen, Logik, Allgemeinwissen – all das, von dem der Bewerber geglaubt hatte, es läge mit dem letzten Schultag hinter ihm.

Immer mehr Arbeitgeber versuchen, mit einer Prüfung herauszufinden, wo die Stärken und Schwächen der Bewerber liegen. Auf das Schulzeugnis verlassen sich nach Ansicht von Marcus Schulte von der Audi-Akademie in Ingolstadt immer weniger Firmen. Der Personalberater und Buchautor, der die Audi AG bei der Auswahl der Mitarbeiter unterstützt, hält Zeugnisse nur für bedingt vergleichbar. „Ihre Aussagekraft hat in den letzten Jahren nachgelassen.“

Deshalb stützten sich die Betriebe bei der Azubiwahl lieber zusätzlich auf die Ergebnisse von Bewerbungstests, meint Schulte. „Dann müssen alle dieselbe Hürde überspringen.“ Die Prüfungen seien meist standardisiert, hätten also für alle Bewerber denselben Schwierigkeitsgrad. Zu den häufigsten Testarten zählen Intelligenz-, Persönlichkeits- und Leistungstests. „Meistens geht es um Intelligenz“, sagt Schulte. Dazu gehöre vor allem logisches Denken und Allgemeinwissen. „Zahlenreihen fortsetzen, Buchstaben durchstreichen, Bilder ergänzen sind nur einige Beispiele.“ Nach der Prüfung habe jeder das Recht, das Testergebnis einzusehen.

Berufsberaterin Ilse Rattka-Nüdling von der Arbeitsagentur in Würzburg unterstützt die angehenden Lehrlinge bei der Prüfungsvorbereitung. „Manche Tests dauern ein paar Stunden“, sagt sie. Neben den Kenntnissen zum Beispiel in Deutsch und Englisch fragen viele Firmen auch nach branchenspezifischem Wissen. „Die Inhalte sind davon abhängig, was der Betrieb eigentlich erfahren möchte“, sagt Rattka-Nüdling. Manchmal würden neben den Fragen zum Ankreuzen auch kurze Aufsätze oder Übersetzungen verlangt. „Da sollte jeder auf seine Handschrift achten.“

Haben die Kandidaten die erwünschte Punktzahl erreicht, heißt das allerdings noch nicht, dass sie die Lehrstelle auch bekommen. Eine weitere Hürde sind dann die Vorstellungsgespräche oder praktische Tests. In Rollenspielen oder einer Gruppendiskussion zeigt sich, ob der Bewerber teamfähig ist oder sich durchsetzen kann, sagt die Berufsberaterin. „Aber auch die Ausdrucksfähigkeit wird so geprüft.“ Während es bei den schriftlichen Prüfungen beispielsweise um Prozentrechnung, Geometrie, technisches Verständnis, Englisch oder Rechtschreibung gehe, sei hier der Charakter des Bewerbers gefragt.

In der Berufsbildungseinrichtung der Deutschen Telekom in Erfurt durchlaufen jährlich Hunderte Jugendliche verschiedene Testverfahren. Bereits vor der eigentlichen Bewerbung sollten Schüler einen ersten Test im Internet machen, rät Roland Benda, der die Online-Tests der Firma betreut. „Hier kann jeder mal seine Selbsteinschätzung überprüfen, ob er überhaupt geeignet ist.“ Der Schüler bekomme eine Rückmeldung, wie gut er abgeschnitten hat. „Wenn man ein bestimmtes Level erreicht hat, sollte man sich bewerben“, sagt Benda.

Neben den schulischen Grundlagen werden bei der Telekom auch Fragen gestellt, die sich direkt auf den angestrebten Beruf beziehen. Je nach Lehrstelle könnten dies Fragen aus dem IT-Sektor, zu kaufmännischen Dingen oder zum Unternehmen sein, sagt Benda. Hätten die Bewerber die Prüfung bestanden, werde ihre Qualifikation für die Stelle schließlich in praktischen Übungen und im Vorstellungsgespräch weitergeprüft. „Wir wollen aus der Vielzahl der Bewerber den besten finden“, sagt Benda.

Bevor sich die Schulabgänger wirklich den Bewerbungstests stellen, sollten sie sich richtig vorbereiten. Ob bei den Industrie- und Handelskammern, über Foren im Internet, regelmäßiges Zeitungslesen, mithilfe von Fachliteratur oder bei der Arbeitsagentur – es gibt zahlreiche Quellen, die die Chance auf Erfolg erhöhen können. „Bei Veranstaltungen im Berufsinformationszentrum werden Testverfahren nachgestellt, und die Schüler können üben“, sagt Berufsberaterin Rattka-Nüdling. Und auch für das Auftreten gibt es Trainingsmöglichkeiten: zu Hause vor dem Spiegel.

(Aus: Angelika Röpcke: Es hört nie auf. In: Schule und Job vom 26.10.2007, S. 18)

Arbeitsblatt Level C
Behauptungen begründen

Nummeriere die Abschnitte, lies sie aufmerksam durch und suche in jedem Abschnitt Begründungen für folgende Behauptung: „Ich sollte mich gründlich auf das Bewerbungsverfahren vorbereiten, weil …“
Das ist nicht ganz einfach, da einige Argumente nicht direkt im Text stehen, sondern aus dem Gesagten abgeleitet werden müssen.

1. Abschnitt:

Firmen testen potenzielle Auszubildende.

2. Abschnitt: ______________________________

____

____

3. Abschnitt: ______________________________

____

____

4. Abschnitt: ______________________________

____

____

5. Abschnitt: ______________________________

____

____

6. Abschnitt: ______________________________

____

____

7. Abschnitt: ______________________________

____

____

8. Abschnitt: ______________________________

____

____

Präsentationsmethode Erörtern

Worum geht es?

Ziel jeder Argumentation ist es, andere Menschen von der Richtigkeit einer Sache oder eines Standpunktes zu überzeugen. Diese Fähigkeit spielt eine Rolle, sobald Menschen zusammenkommen, um kleine oder große Probleme zu besprechen, also in der Familie genauso wie unter Freunden, in der Schule ebenso wie in der Politik. In der Regel ist es dabei so, dass gute Argumente eher zu Mehrheiten und eher zu richtigen Entscheidungen führen. Denn Argumente ersetzen vorschnelle Urteile durch begründete Urteile. Die sind gerechter und helfen uns, Probleme zu lösen. Dazu ist es allerdings nötig, komplexe Sachverhalte gedanklich zu durchdringen. Das fällt leichter, wenn man weiß, wie eine Argumentation aufgebaut ist.
Außerdem: Immer mehr Betriebe überprüfen im Auswahlverfahren die Fähigkeit ihrer Bewerber, gut zu argumentieren.

Bausteine eines guten Arguments

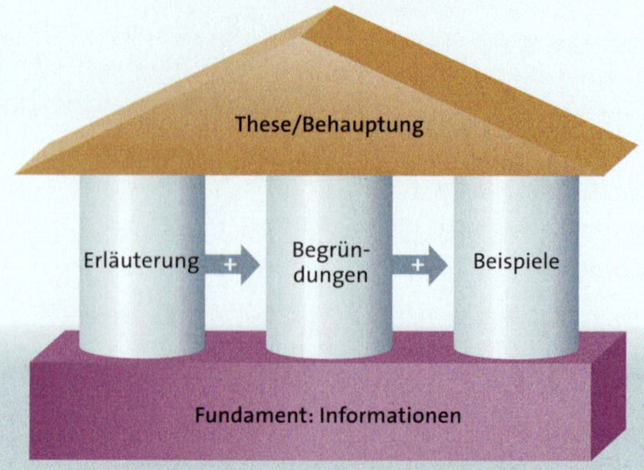

Auf der Basis von konkreten Informationen stützen Erläuterungen, Begründungen und Beispiele deine Behauptungen.

Wie macht man das?

1. Welche Argumente gibt es?
Sammle Argumente. Wende dabei die Lesemethode an.

2. Welchen Standpunkt vertrete ich?
Ordne die Argumente entsprechend deiner Argumentationsrichtung (pro oder kontra?). Beginne dabei mit den schwächeren Argumenten und spare dir die überzeugendsten für den Schluss auf.

3. Wie kann ich meine Argumente anschaulich und überzeugend ausgestalten?
Gliedere deine Argumentation und ergänze fehlende Begründungen und Beispiele.

4. Beherrsche ich die Argumentation?
Schreibe einen Aufsatz. Falls du dich auf eine Diskussion vorbereiten willst, notiere deine Argumente auf Karteikärtchen.

5. Was will ich bei der nächsten Argumentation besser machen?
Bewerte deine Argumentation. Überlege, was dir gelungen ist und was verbessert werden muss.

Wie ist der Aufsatz aufgebaut?

A. Einleitung: Kombiniere mindestens eines der aufgezählten Elemente mit der Problemfrage:
Begriffsklärung
historischer Bezug
aktuelle Bedeutung + *Problem oder Themafrage*
Zukunftsbedeutung
persönlicher Bezug

B. Hauptteil: Gestalte deine Argumente entsprechend dem abgebildeten Argumentationsschema aus.

C. Schluss: Folgende Aspekte helfen dir, deine Bewertung zu formulieren:
- ✓ *Bezugnahme auf den Einleitungsgedanken (Rahmung),*
- ✓ *Meinungsbildung mit Zitat des wichtigsten Argumentes in Form einer Schlussfolgerung,*
- ✓ *Erweiterung des Themas (Muss die Argumentation auf verwandte Sachverhalte ausgeweitet werden?),*
- ✓ *Einschränkung der Argumentation (Gibt es Bedingungen, unter denen deine Schlussfolgerung nicht gilt?),*
- ✓ *Gegenwarts- und Zukunftsbedeutung.*

Verfasse einen Spickzettel und lerne ihn auswendig.

Immer dann, wenn du eine Argumentation schriftlich darstellen willst, also einen Brief, Leserbrief oder eine Erörterung verfasst, solltest du die Materialkisten griffbereit haben. Sie bieten dir eine Auswahl von treffenden Verben in drei Kategorien.

Wenn du dich auf Fachleute beziehst, die ihre Argumente aufgeschrieben haben, hast du die Möglichkeit, deren Meinung zu zitieren, um deinen eigenen Behauptungen Gewicht zu verleihen. Die Verben der nebenstehenden Materialkiste helfen dir dabei, die ausgewählten Zitate in deinen eigenen Text einzubauen.

Materialkiste: „Belege zitieren“

	meinen	behaupten
	hinweisen	belegen
	unterstreichen	herausheben
	herausstellen	unterstreichen
kritisieren	ablehnen	bestreiten
anzweifeln	bezweifeln	zustimmen
unterstützen	bedauern	warnen ...

Eine Argumentation versucht, strittige Sachverhalte zu klären. Dabei ist es unumgänglich, die Sachverhalte darzustellen und miteinander zu verknüpfen. Bei dieser Arbeit helfen dir die bereits bekannten Konjunktionen (Seite 41).
Aber auch die Verben der Materialkiste machen dir das Schreiben leichter.

Materialkiste: „Sachverhalte darstellen“

	beschreiben	klären
	untersuchen	ergänzen
	ausführen	ausklammern
	einräumen	hinzufügen
verbinden	zuordnen	veranschaulichen
anknüpfen	gegenüberstellen ...	

Wenn die Sachverhalte geklärt sind, heißt es, Stellung zu beziehen und seine Meinung zur Sache angemessen auszudrücken. Dazu ist es nötig, dass du die Argumentation bewertest. Mithilfe der Materialkiste kannst du deinen Standpunkt vor anderen darstellen.

Materialkiste: „Standpunkte klären“

	zweifeln	bezweifeln
	hinterfragen	beurteilen
	herausheben	warnen
	betonen	hinweisen
auffordern	fordern	verlangen
wünschen ...		

Arbeitsblatt Aufsatzbewertung
Wie bewerbe ich mich optimal?

Bewerte die Qualität des Aufsatzes. Arbeite dazu mit dem Bewertungsbogen auf der folgenden Seite. Die Fragen neben den Abschnitten des Aufsatzes helfen dir, den Bewertungsbogen auszufüllen. Deshalb beantworte sie zuerst. Übertrage die Fragen dazu in dein Heft. Begründe dein Urteil durch einen Textverweis (z. B. vgl. Zeile 5 f.).

1. Ist der Lebensbezug des Themas dargestellt worden?
2. Hast du die Problemfrage gestellt?

Ich bin jetzt im 10. Schuljahr. Zwei aus meiner Klasse haben bereits einen Ausbildungsplatz. Die Übrigen stecken mitten in den Auswahlverfahren. Die Frage nach der optimalen Bewerbung spielt deshalb für uns eine große Rolle, weil man sehr viele Dinge beachten muss und schon kleine Fehler den Ausbildungsplatz kosten können.

3. Sind deine Aussagen begründet und durch Beispiele veranschaulicht?
4. Stehen deine Argumente in der richtigen Reihenfolge?
5. Wurden alle wichtigen Argumente angeführt?

Es ist sehr wichtig, sich frühzeitig zu bewerben, weil viele Unternehmen frühzeitig anfangen, ihre Bewerbungen auszusortieren, z. B. Banken fangen schon im Herbst an mit der Auswahl.
Aber auch Praktika sind wichtig. Man sollte in allen Berufsgruppen, in denen man sich vorstellen kann zu arbeiten, auch versuchen, ein Praktikum zu machen. Durch Praktika hat man sehr gute Chancen auf eine Ausbildungsstelle.
Wenn man im Auswahlverfahren erfolgreich sein will, dann sollte man sich nicht nur rechtzeitig bewerben. Eine zweite Sache ist genauso wichtig. Man sollte sich nämlich auf jeden Fall informieren, was im Auswahlverfahren auf einen zukommt, und sich darauf vorbereiten. Bei vielen Firmen gibt es heutzutage sogenannte Eignungstests, durch die die Firmen herausfinden wollen, ob der Bewerber überhaupt in den Beruf passt. Da diese Tests so gut wie alles beinhalten, was man in der Schule gelernt hat, sollte man z. B. einige Hefte aufbewahren und auch in Aufgabensammlungen nachschlagen. Firmen machen diese Tests, meint Marcus Schulte von der Audi-Akademie in Ingolstadt, weil sie sich nicht mehr nur auf die Schulzeugnisse verlassen wollen. Lieber verlassen sich die Betriebe auf ihre eigenen Tests, da dort alle Anwärter die gleiche Herausforderung bewältigen müssen.
Die besten Informationsquellen zu den Eignungstests sind das Internet und Broschüren der Firmen. Oft kann man im Internet sogar diese Tests machen, um sich selbst schon mal zu testen, ob man für den Beruf geeignet ist und eine Chance im Auswahlverfahren hat. Ich denke, dass die frühzeitige Bewerbung und die gute Vorbereitung wichtige Schritte von der Schule zum Beruf sind.

6. Hast du die Problemfrage beantwortet und die eigene Meinung begründet?
7. Ist die Lebensbedeutung des Themas – heute oder für die Zukunft – abschließend dargestellt worden?
8. Ist der Aufsatz sprachlich gelungen?

Ich bin für Eignungstests, weil man da gleich sehen kann, was in dem Beruf auf einen zukommt, und weil man den direkten Vergleich mit den Konkurrenten hat. Aber was ist mit den Leuten, die nicht bis zu solchen Tests kommen, die Leute, die keinen Schulabschluss haben und auch sonst keine Aussichten auf eine Ausbildung? Diese können dann zum Beispiel in eine Arbeitsweltklasse gehen, in der sie ein Jahr in einer Klasse von maximal 12 Schülern in der Praxis intensiv lernen und so ihre Chancen auf einen Ausbildungsplatz verbessern.

David Larscheid, Klasse 10 c

Tipps für einen besseren Aufsatz

Ich bewerte
☐ meinen eigenen Aufsatz
☐ den Aufsatz meines Lernpartners ______________________________ .
(Name)

Das Thema der Argumentation lautet:

„____

____"

A: Zum Inhalt

Drei Dinge, die im Aufsatz gelungen sind:

1. ____
2. ____
3. ____

Drei Tipps zur Verbesserung der Argumentation:

1. ____
2. ____
3. ____

B: Zur Sprache

Drei Tipps für die sprachliche Überarbeitung des Textes:

1. ____
2. ____
3. ____

Bewertungsbogen Klassenarbeit

Problemfragen erörtern

	☺	😐	☹
Lesemethode: ✓ Hast du die wichtigen Textaussagen unterstrichen? ✓ Hast du ein übersichtliches Exzerpt angelegt?			
Aufsatz/Einleitung: ✓ Hast du den Lebensbezug des Themas dargestellt? ✓ Hast du die Problemfrage gestellt?			
Aufsatz/Hauptteil: ✓ Sind deine Argumente begründet und durch Beispiele veranschaulicht? ✓ Stehen deine Argumente in der richtigen Reihenfolge? ✓ Hast du alle wichtigen Argumente genannt?			
Aufsatz/Schluss: ✓ Hast du die Problemfrage beantwortet und die eigene Meinung begründet? ✓ Hast du die Lebensbedeutung des Themas – heute oder für die Zukunft – dargestellt?			
Aufsatz/Sprache: ✓ Grammatik (Satzbau, indirekte Rede) ✓ Ausdruck ✓ sachlicher Stil ✓ Rechtschreibung			
Aufsatz/Form: ✓ Gliederung in Abschnitten ✓ Rand ✓ Schrift			
Kompetenzerreichung: Ist ein Lernfortschritt im Vergleich mit deinen vorangegangenen Arbeiten festzustellen?			

Notenspiegel:

1	2	3	4	5	6	Φ	Σ

Note

Ort, Datum

Unterschrift des Lehrers/der Lehrerin

Drei Tipps für die Überarbeitung des Textes:

1. ______________________________

2. ______________________________

3. ______________________________

Leseführerschein

Modul 5 | Argumentierende Texte verstehen

Der Schüler / Die Schülerin

____________________ ____________________

Vorname Name

kann die Lesemethode sicher auf argumentierende Texte

des Übungslevels ____ anwenden.
(A, B, C)

Er/Sie hat folgende Arbeitstechniken und
Fähigkeiten besonders intensiv trainiert:

1. Er/Sie kann Texte exzerpieren.
2. Er/Sie kann Bausteine von Argumenten (Beispiele, Behauptungen, Begründungen) erkennen.
3. Er/Sie kann selbstständig Argumente bilden.

____________________ ____________________

Ort, Datum Unterschrift des Deutschlehrers/
der Deutschlehrerin

Lesemethode
Vorträge protokollieren

Warum muss ich die Methode beherrschen?

Im Leben ist oft wichtig, sich genau an Gespräche und Diskussionen zu erinnern.
Besonders dann, wenn Abmachungen getroffen worden sind, ist es nötig, diese schriftlich festzuhalten, um später genau nachlesen zu können, was gesagt oder vereinbart worden ist. Diese schriftlichen Aufzeichnungen haben einen offiziellen Charakter und feste Form. Sie heißen Verlaufs- oder Ergebnisprotokoll. Du wirst sie wahrscheinlich schon im Deutschunterricht kennengelernt haben.
Viel häufiger aber sind Protokolle persönliche Aufzeichnungen von Beobachtungen, Gesprächsabläufen, Vorträgen oder Reden. Dann dienen sie als Gedächtnisstütze und als persönliche Lerngrundlage. Wer Gesagtes gut protokollieren kann, weiß mehr und wird deshalb eher Erfolg im Leben haben. Und darum ist es wichtig, diese Methode sicher zu beherrschen.

Wo liegt das Problem?

Je älter du wirst, desto öfter wirst du dich in Situationen wiederfinden, in denen man – oft unausgesprochen – von dir erwartet, dass du wichtige Informationen erkennst, mitschreibst und überarbeitest. Solche Mitschriften, zum Beispiel von Unterrichtsstunden, von Vorträgen in der Berufsschule, im Gymnasium oder während des Studiums, bei Sitzungen im Betrieb oder während einer Gruppenarbeit, sind schwer zu gestalten. Denn in der Regel ist es so, ...
- dass du das Gesagte nur einmal hörst,
- dass die zu protokollierenden Phasen sich über einen längeren Zeitraum erstrecken,
- dass die Struktur des Vortrags von dir schnell erkannt werden muss.

Soll dir das trotzdem gelingen, dann musst du aufmerksam sein, dich über einen längeren Zeitraum konzentrieren können und planvoll vorgehen.

Wie mache ich das?

1. Schritt: Vorarbeiten
Wer protokollieren will, braucht eine ordentliche Schreibunterlage und einen guten Stift. Die Seiten sollten einen überdurchschnittlich breiten Rand haben (den kannst du einfach falten), damit nachträgliche Ergänzungen ihren Platz finden.
- Notiere Thema, Anlass, Datum und den Namen des Referenten.

2. Schritt: Vorausdenken
Sinnvoll ist es, dass du dir bereits vor dem Protokollieren Gedanken über das Thema machst und überlegst, was du bereits darüber weißt. Je größer dein Vorwissen ist, desto besser wirst du die neuen Informationen verstehen, einordnen und mitschreiben können.

3. Schritt: Mitschreiben
Zu Beginn des Vortrages musst du besonders aufmerksam sein. Denn gute Redner erklären zu Beginn oft den Aufbau des Vortrages.
- Notiere den Aufbau und die Struktur des Vortrages. Sollte der Redner keinen Überblick über seinen Vortrag geben, dann musst du ihn im Nachhinein gliedern. Versuche dazu, während des Vortrages Strukturen zu erkennen, die dir helfen, Wichtiges von Unwichtigem zu unterscheiden. Achte dabei auf Gliederungen, die der Redner benutzt, auf Passagen, die er durch Betonung, Nummerierung usw. besonders hervorhebt. Diese Gliederungen kannst du in der Regel genau so übernehmen.
- Notiere wichtige Informationen in Stichworten oder kurzen Sätzen. Benutze nur Abkürzungen, die du später auch wieder entschlüsseln kannst.
- Wenn im Anschluss an den Vortrag eine Aussprache stattfindet, dann nutze diese Gelegenheit. Hast du etwas nicht richtig verstanden, dann frage jetzt nach.

Wenn wir etwas nur hören, behalten wir etwa 20 %.

Wenn wir etwas selbst tun, behalten wir etwa 90 %.

4. Schritt: Nacharbeiten

Schreibe möglichst zeitnah zur protokollierten Veranstaltung dein endgültiges Protokoll.

- Dazu musst du zuerst zu den protokollierten Informationen Oberbegriffe suchen. So kannst du dein Protokoll gliedern.
- Dann musst du die Informationen den Oberbegriffen zuordnen. Unwichtiges musst du jetzt streichen.
- Schließlich musst du deine Stichworte zu Sätzen umgestalten. Aus deinen Oberbegriffen solltest du Zwischenüberschriften ableiten.

Ein Protokoll ist ein gut gegliederter Text, in dem die wesentlichen Inhalte eines mündlich vorgetragenen Sachtextes festgehalten werden. Orientiere dich dabei an der Methodenseite zur Inhaltsangabe (Seite 40).

Materialkiste:

„Abkürzungen und Symbole“

Für die Verwendung von Abkürzungen und Symbolen gilt eine Regel. An die musst du dich unbedingt halten. Sie lautet: **„Verwende Abkürzungen und Symbole nur, wenn du auch am nächsten Tag noch weißt, was sie bedeuten.“**

Hältst du dich nicht an diese Regel, dann wirst du mit deinen Protokollnotizen nur wenig anfangen können.

geläufige Abkürzungen:

allg.	=	allgemein
bes.	=	besonders
eigtl.	=	eigentlich
etw.	=	etwas
Ggs.	=	Gegensatz
jmd.	=	jemand
Jh.	=	Jahrhundert
l.	=	links
m.	=	männlich
o. ä.	=	oder ähnlich
od.	=	oder
r.	=	rechts
u. a.	=	und andere
z. B.	=	zum Beispiel
w.	=	weiblich

hilfreiche Symbole:

✓	:	ja, Zustimmung
¬	:	nein, Ablehnung
?	:	unklar
!	:	wichtig, bedeutsam
➡	:	Verweis, Reihenfolge
=	:	gleich
≠	:	ungleich
Ø	:	Durchschnitt

Fasse die Methode in der Form eines abgetreppten Stichwortzettels zusammen. Wenn du nicht mehr weißt, wie das geht, dann lies auf der Seite 74 nach.

Hast du die Methode verstanden?

Lass dir die Lesemethode von deinem Banknachbarn vortragen und protokolliere die wichtigen Informationen in Stichworten. Überprüfe dann die von dir notierten Informationen. Verfasse zum Abschluss mithilfe deiner Protokollnotizen einen Lexikonartikel (vgl. S. 72).

Referent: ____________________

Datum, Stunde: ____________________

Thema: Vorträge protokollieren

Struktur/Aufbau des Vortrages:

1. ____________________

2. ____________________

3. Vier Schritte

Das will ich mir merken:

zu 1: Warum muss ich die Methode können?

____

____

____

zu 2: ____________________

____

____

zu 3: ____________________

____

____

1. Schritt: Vorbereiten

____

____

2. Schritt: ____________________

____

____

3. Schritt: ____________________

____

____

4. Schritt: ____________________

____

- ____________________
- ____________________
- Text verfassen, sachlich, Zwischenüberschriften

Werkzeugkiste „Protokollblatt/Kopiervorlage"

Referent: ______

Datum, Stunde: ______

Thema: ______

Struktur/Aufbau:

1. ______
2. ______
3. ______
4. ______
5. ______

Das will ich mir merken:

zu 1: ______

zu 2: ______

zu 3: ______

Was weiß ich bereits über das Thema?

Anmerkungen:

Faltlinie

Bewertungsbogen Klassenarbeit

Vorträge protokollieren

Bewertungsmerkmale	☺	😐	☹
Zur Lesemethode:			
Hast du dein Protokollblatt übersichtlich gestaltet?			
Hat dein Protokoll einen Kopf (Thema, Datum, Anlass, Referent)?			
Zum Aufsatz:			
Hast du einen einleitenden Satz verfasst (Referent, Datum, Anlass, Thema)?			
Hast du deinen Aufsatz mit Zwischenüberschriften gegliedert?			
Hast du aussagekräftige Teilüberschriften gefunden und die Detailinformationen richtig zugeordnet?			
Hast du die wichtigen Inhalte des Themas korrekt wiedergegeben?			
Stimmt dein Satzbau und deine Grammatik (u. a. Präsens)?			
Stimmt der Sprachstil (sachlich und informierend) und ist dein Ausdruck verständlich?			
Stimmen deine Rechtschreibung und Zeichensetzung?			
Hast du leserlich geschrieben und auf die Form geachtet?			
Zum Lernverhalten:			
Hast du konzentriert gearbeitet?			

Was dir besonders gut gelungen ist:

____

____

Was du in Zukunft noch besser machen musst:

____

____

1	2	3	4	5	6	Φ	Σ

Datum: ____________ **Note:** ____________ **Unterschrift:** ____________

Leseführerschein

Modul 6 | Vorträge protokollieren

Der Schüler / Die Schülerin

Vorname ______________________ Name ______________________

kann Vorträge verstehen und
protokollieren.

Er/Sie verfügt über folgende Arbeitstechniken
und Fähigkeiten:

1. Er/Sie kann die Struktur von Vorträgen erkennen.
2. Er/Sie kann gegliedert protokollieren.
3. Er/Sie kann Protokollnotizen überarbeiten.
4. Er/Sie kann mithilfe von Protokollnotizen einen Aufsatz gestalten.

Ort, Datum ______________________

Unterschrift des Deutschlehrers/
der Deutschlehrerin ______________________

Lesemethode
Portfolioarbeit: Texte lesen – Texte schreiben

Bezugsrahmen „Portfolio"

Pflichtthemen + Wahlthemen

Merkmale:		**Qualifikationen:**
✓ weitgehend freie Zeiteinteilung	➡	Zeitmanagement
✓ hohes Maß an Gestaltungsfreiheit	➡	Kreativität
✓ verschiedene Gestaltungselemente	➡	Lese-, Schreibkompetenz
✓ Projektcharakter, Freiarbeit	➡	Disziplin

Thema „Berufswahl"

Was ist das?

Ursprünglich verstand man unter einem Portfolio eine Mappe mit Blättern, die ein Künstler bei sich trug, um sich bei neuen Auftraggebern zu bewerben. Das Portfolio zeigte, was der Bewerber leisten konnte und wie gut er für die Stelle, um die er sich beworben hatte, geeignet war. An dieser Grundidee des Portfolios hat sich bis heute nichts geändert.
Wenn du zum Thema „Berufswahl" ein ordentliches Portfolio angelegt hast, dann kannst du es in jedem Bewerbungsgespräch vorweisen. Dein Portfolio zeigt, dass du dir intensiv Gedanken über deine Berufswahl gemacht hast. Das zu wissen, ist wichtig für jeden Arbeitgeber.
Das Portfolio macht eine ganz persönliche Aussage darüber, wie weit du mit deiner Berufswahl gekommen bist. Es kann deshalb eine hilfreiche Grundlage für ein Planungsgespräch mit deinem Berufsberater, deinem Lehrer oder deinen Eltern sein.
Während der Arbeit am Berufswahl-Portfolio wirst du intensiv über dich selbst nachdenken. Dein beruflicher Weg wird sich am Ende deiner Arbeit am Portfolio klarer abzeichnen.
In der Schule hat das Portfolio aber noch eine andere Funktion: Es ersetzt in der Regel eine Klassenarbeit. Innerhalb des Rahmens, den das Portfolio dir setzt, bekommst du die Chance, über einen längeren Zeitraum frei und selbstgesteuert an einem lebensbedeutsamen Thema zu arbeiten und dabei zugleich etwas für deine Ausbildungs- und Berufsreife zu tun.

Wie fertige ich ein Portfolio an?

Es gibt verschiedene Arten von Portfolios. Mit einem *Produktportfolio* zeige ich, wie leistungsfähig ich bin. Es besteht deshalb aus besonders gut gelungenen Texten.
Mit einem *Prozessportfolio* kann ich einen Aspekt meiner Persönlichkeitsentwicklung protokollieren und belegen. Hier reflektiere ich mich selbst.
In der Schule wird in der Regel eine Mischform aus beiden Formen verlangt, das *Themenportfolio.*

Es muss drei Funktionen erfüllen und ist
- Leistungsnachweis,
- Reflexionswerkzeug,
- Informations- und Kommunikationswerkzeug.

Es beantwortet damit drei Fragen:
- Was habe ich gelernt und was kann ich?
- Wie habe ich gelernt?
- Wie kann ich mein Wissen und meine Erfahrungen anderen mitteilen?

Dein Portfolio zur Berufswahl wird aus Pflicht- und Wahlthemen bestehen. Die Pflichtthemen beziehen sich auf Aufgaben, die so wichtig sind, dass niemand sie auslassen sollte, der mit der Planung seiner beruflichen Zukunft beginnt. Bei der Bearbeitung der Wahlthemen folgst du deinen persönlichen Interessen.

Worauf sollte ich besonders achten?

Dein Portfolio sollte fächerübergreifend geführt werden und die entsprechenden Unterrichtsreihen des Deutsch- und Sozialkunde- oder Politikunterrichts spiegeln. Neben den Materialien und Reflexionen aus dem Sozialkundeunterricht kann das Bewerbungstraining aus dem Deutschunterricht in deinem Portfolio festgehalten werden. Expertenbefragungen können ebenso protokolliert werden wie BIZ-Besuche. Auch Buchbesprechungen zur Berufswahl sollten in deinem Portfolio nicht fehlen. Du kannst deine Praktikumsberichte und deine Bewerbungen darin dokumentieren. Du kannst Stellenanzeigen und andere Materialien ausschneiden, einkleben und kommentieren. Die Liste deiner Möglichkeiten ist lang.

Mit dem Portfolio werbe ich für mich selbst, deshalb ist es besonders wichtig, dass ich meine Portfoliomappe ästhetisch gestalte.

Zu einem Portfolio gehört eine saubere Mappe für meine Arbeiten.

Zu einem Portfolio gehört eine klare und deutlich wahrnehmbare Gliederung.

- ✓ Ich ordne deshalb meine Materialien logisch oder chronologisch.
- ✓ Ich entwerfe für die einzelnen Elemente ein durchgehend gleichbleibendes Seitenlayout.

Das Portfolio sollte mit dem Computer gestaltet werden. Das erleichtert mir nicht nur das Layout der Seiten, sondern auch die Überarbeitung meiner Texte.

Schreibe einen Dialog: Du bist der Spezialist und erklärst einem Mitschüler, was ein Portfolio ist.
Tipp: Partnerarbeit und szenische Vorstellung

Hast du die Methode verstanden?

Auf dieser Seite kannst du überprüfen, wie gut du mit der Portfolio-Methode vertraut bist.

vier – drei – zwei – eins – meins
Ein Portfolio verlangt von mir **vier** Qualifikationen:

1. ______________________________

2. ______________________________

3. ______________________________

4. ______________________________

Ein Portfolio antwortet auf **drei** Fragen:

1. ______________________________

2. ______________________________

3. ______________________________

Ein Portfolio besteht aus **zwei** Aufgabentypen:

1. ______________________________

2. ______________________________

Einem Portfolio liegt **eine** Grundidee zugrunde, an der sich bis heute nichts geändert hat:

1. Jedes Portfolio dient der ______________________________.

Die Lernteufel:
Lernteufel machen dir das Lernen schwer. Sie schleichen sich heimlich an dich heran und lenken dich ab, sodass du deine Arbeit nicht erfolgreich zu Ende führen kannst. Überlege, welche Lernteufel dir in die Quere kommen können.

Qualifikation	**Lernteufel**
Zeitmanagement	• Ich plane meine Arbeit nicht richtig. •
Kreativität	• •
Disziplin	• •
Persönliche Gestaltung	• •

Werkzeugkiste „Portfolioelemente“

Ein Portfolio besteht nicht nur aus Pflichtelementen, die sinnvollerweise jeder bearbeiten sollte, sondern auch aus freiwilligen Aufgaben. Erst die Vielfalt zusätzlicher Arbeiten macht seine Individualität aus und garantiert,

- dass dein Portfolio deine persönliche Annäherung an ein Thema dokumentiert,
- dass dein Portfolio dabei deinen Lernprozess reflektiert,
- dass dein Portfolio individueller Ausdruck deiner Lernerpersönlichkeit ist.

Insofern ist jedes Portfolio einmalig.

Mithilfe der Tabelle wird es dir leichtfallen, passende Darstellungsformen zu finden.

Bevor du dich für eine bestimmte Textsorte entscheidest, musst du über folgende Fragen nachdenken:

1. Will ich informieren, reflektieren oder kommunizieren?
2. Welche Darstellung passt am besten zu meinem Zweck?

Informationselemente dienen dazu, das Gelernte oder Erfahrene festzuhalten.	Reflexionselemente dienen dazu, den eigenen Lernprozess genauer zu betrachten, um ihn zu verbessern.	Informations- und Kommunikationselemente dienen dazu, sich mit anderen über sein Lernen auszutauschen. Denn nur wer anderen erklären kann, was er gelernt hat, hat es auch verstanden.
Inhaltsangabe (Zweck: Zusammenfassung von Texten)	Fragebogen zur Selbstüberprüfung	Dialog zwischen ...
Mindmap (Zweck: Zusammenfassung und Gliederung von Texten)	Tagebucheintrag	Rollenspiel mit ...
Schaubild (Zweck: Zusammenfassung und Veranschaulichung von Texten mit vielen Zahlen)	Coverletter	Coverletter
Lexikonartikel (Zweck: Zusammenfassung von Texten, Darstellung wichtiger Themen)	Brief an ...	Brief an ...
Protokoll (Zweck: Dokumentation einer Sitzung, z. B. beim Berufsberater)		E-Mail an ...
Kritik (Zweck: Beschreibung und Bewertung von Texten, (z. B. Buchkritik)		Leserbrief
Kommentar (Zweck: Darstellung und Bewertung einer Sache oder Argumentation)		Kurzvortrag von ... für ...
Zeitungsbericht (Zweck: über ein besonderes Ereignis berichten)		Telefonat mit ...
Bericht (Zweck: Dokumentation)		

Fotodokumentation (Zweck: Dokumentation eines besonderen Ereignisses)		
Report (Zweck: Zusammenfassung wichtiger Lernergebnisse)		

Diese Auswahl ist keinesfalls so zu verstehen, dass alle Darstellungsformen von dir „abgearbeitet" werden müssen. Du solltest kreativ mit ihnen umgehen und trotzdem deine Auswahl dem Zweck unterordnen.
Die folgende Übung soll dir dabei helfen.
Wähle zu jedem Projekt mindestens eine passende Darstellungsform aus und notiere sie in der rechten Spalte.

Projektelemente des Berufswahlunterrichts	**Darstellungsform/Textsorte**
Gespräch mit dem Berufsberater	
Politikunterricht: Thema „Was erwartet ein Ausbildungsbetrieb von mir?"	
Bewerbertraining mit einem außerschulischen Partner	
Freiwilliges Berufspraktikum	
Deutschunterricht: Thema „Wie sieht ein Bewerbungsanschreiben aus?"	
Einstellungstest	
Projekttag zur Berufswahl	
Vorstellungsgespräch	
Telefontraining	
Seminarfahrt: Thema „Berufsvorbereitung"	

Beispiel Informationselemente

Wenn ich Informationselemente für mein Portfolio verfasse, dann verfolge ich damit zwei Ziele:

1. Zum einen ist ein Portfolio an einen Adressaten gerichtet, der von mir informiert werden will.
2. Zum anderen mache ich mir die Informationen erst dann wirklich zu eigen, wenn ich etwas Produktives mit ihnen anstelle.

Auf dieser Seite werden dir zwei praktische Beispiele vorgestellt. Untersuche sie mithilfe des Arbeitsblattes auf der nächsten Seite.

Text A

Hallo Jan,
heute haben wir in der Schule ein Lexikon der Ausbildungsberufe bekommen. In dem Buch mit dem Namen „Beruf Aktuell“ vom Arbeitsamt sind alle Ausbildungsberufe von A bis Z abgedruckt. Zu jedem Beruf gibt es eine Kurzbeschreibung, in der die Tätigkeit vorgestellt wird. Schon gleich habe ich mir einige Berufe herausgeschrieben. Unter anderem handwerkliche und soziale Berufe, wie Stuckateur und Erzieher. Das Buch ist in mehrere Kapitel unterteilt.

Im 1. Kapitel findest du das Berufslexikon.
Im 2. Kapitel findest du Hilfen und Medien der Berufsberatung.
Im 3. Kapitel findest du alles zum Thema finanzielle Unterstützung.
Im 4. Kapitel geht es um die gesetzlichen Grundlagen der Berufsausbildung.

Viele Grüße
Nils

Portfolio – Beruf Aktuell
Reflexion „Beruf Aktuell“

Text B

Portfolio: Berufswahl 5.10.2007

Unser erster Berufswahlunterricht
Ein Bericht für die Schülerzeitung
von Pascal Berens

Ab dem 9. Schuljahr fängt der Berufswahlunterricht an den Schulen an. Dazu kommt ein Berufsberater in die Klassen. So auch in die 9a der Ludwig-Simon-Realschule. Am Donnerstag, dem 4.10.07 war ihre erste Berufswahl-Unterrichtsstunde.
Als Erstes wurde den Schülern klargemacht, wie wichtig die Berufswahl ist, denn der Beruf nimmt den größten Teil des Lebens ein.
Dann wurde ein Text ausgeteilt, in dem man lesen konnte, wie drei Schüler die Berufswahl handhaben. Danach wurde das falsche Verhalten dieser drei Personen untersucht. Als die Klasse damit fertig war, wurde von allen ein großes „Berufswahl-Fahrplan-Plakat“ erstellt. Es zeigt, wie die Berufswahl optimal verlaufen sollte.
Nach dem Unterricht fragte ich Lukas Ensch, wie ihm die Veranstaltung gefallen hat. Er sagte, dass es ihn sehr überrascht hätte, dass der Beruf so einen großen Teil des Lebens einnimmt. Gut gefallen hat ihm die Arbeit in der Gruppe. Denn dort hat man sehr viel über die Fehler gelernt, die man in der Berufswahl machen kann. Ihm gefällt vor allem der Berufswahl-Fahrplan sehr gut, denn an diesem kann man sich orientieren.

Portfolio: Berufswahl 5.10.2007

Arbeitsblatt Informationselemente

1 Untersuche beide Texte und notiere deine Ergebnisse.
2 Welche Schlussfolgerungen ziehst du für deine eigenen Informationselemente?

1. Stichworte zum Inhalt:

Text A: ______________________________

____

____

Text B: ______________________________

____

____

2. Stichworte zum Aufbau des Textes (Wie viele Abschnitte? Zwischenüberschriften? Hervorgehobene Schlüsselwörter? Informierender Kopf?, ...):

Text A: ______________________________

____

Text B: ______________________________

____

3. Stichworte zum Layout (Rahmen, Kopf, Bilder, Schriftgröße, Schrifttyp, Übersichtlichkeit, ... ?):

Text A: ______________________________

____

Text B: ______________________________

____

4. Stichworte zur Bewertung (Was möchte ich für meine Informationstexte übernehmen?)

Text A: ______________________________

____

Text B: ______________________________

____

Was möchte ich in meinen Informationstexten unbedingt vermeiden?

Text A: ______________________________

____

Text B: ______________________________

____

Beispiel Reflexionselemente

Reflektieren heißt, sich Erfahrungen bewusst zu machen. Dabei ist es häufig so, dass ich das Bedürfnis habe, über meine Erfahrungen mit anderen zu reden.
Aus diesem Grund werden im Folgenden Reflexionen und kommunikative Elemente gemeinsam dargestellt.

Text A

Am Sonntag saß ich im Bus hinter zwei Jugendlichen, die sich über ihre Berufswahl unterhielten. Da ich diese Entscheidung später auch treffen muss, hörte ich dem Mädchen und dem Jungen zu.
Das Mädchen beklagte sich über ihren Beruf als Bürokauffrau. Sie würde viel lieber mehr mit Menschen zusammenarbeiten, anstatt im Büro vor dem Computer zu sitzen.
Ihr Fehler war es, sich von anderen beeinflussen zu lassen und nicht ihre eigenen Wünsche und Ziele zu verfolgen.
Der Junge dagegen war sehr zufrieden mit seiner Entscheidung, in einer Autowerkstatt zu lernen, wo er auch mit Menschen zusammenarbeitet. Er sagte, dass ihm genau diese Arbeit am Herzen liegt und er sich genau das für seine berufliche Zukunft vorgestellt hatte.
Das Mädchen beneidete ihn sehr darum, denn im Gegensatz zu ihm hat sie sich klargemacht, was eine Bürokauffrau für Tätigkeiten übernimmt. Sie spielte mit dem Gedanken, ihre Ausbildung abzubrechen und eine neue anzufangen. In welchem Beruf müsste sie sich erst noch überlegen, da sie keine Ahnung von ihrer beruflichen Zukunft hat und sie auch nicht weiß, in welcher Tätigkeit ihr Interesse liegt.
Als das Mädchen ausstieg, wünschte der Junge ihr mehr Erfolg auf ihrem weiteren Berufsweg, und auch ich wünschte es ihr im Stillen. Denn so eine Entscheidung trifft man für das ganze Leben.
Aus dieser Unterhaltung lernte ich, nur auf mich zu hören und meine Interessen, Wünsche und Ziele zu verwirklichen. Ich werde mich erst richtig über meinen Traumberuf erkundigen und nicht direkt ins Unbewusste tappen und das erstbeste Angebot annehmen.

Text B

Reflexion der Seminarfahrt

Katja: Wie war die Seminarfahrt?

Dasha: Bonn war super. Wir haben viele Sachen dazugelernt, Spiele gespielt und auch Bewerbungsgespräche geführt.

Katja: Aha, und was habt ihr genau gemacht und gelernt?

Dasha: Als wir da ankamen, ging es nach dem Auspacken auch schon an die Arbeit. Als Erstes stellte uns Herr Bialkowsky, unser Trainer, den Tagesablauf vor, wann wir Pausen haben werden, wann Essenszeit ist und wann wir Freizeit haben. Das ganze Lernen fand meistens in einem Sitzkreis statt. Wir stellten uns alle vor, schrieben auf einen Zettel auf, was wir Gutes von der Seminarfahrt erwarten und was Schlechtes. Wir sprachen über die verschiedenen Berufe, die jeder ausüben wollte. Diese teilten wir in verschiedene Gruppen ein: kaufmännische, handwerkliche und soziale Berufe. Dann spielten wir ein Spiel. Jeder, der einen Büroberuf ausüben wollte, ging in die eine Ecke, jeder, der etwas Handwerkliches in der Zukunft machen wollte, in die andere und diejenigen, die nicht wussten, was aus ihnen werden sollte, stellten sich in die Mitte. Dasselbe machten wir noch einmal. Nur diesmal mit Praktika. Wer hatte schon ein Praktikum? Wer hatte mehr als zwei? Und wer hat noch gar keins gemacht?

Katja: Aha. Das klingt aber nicht nach viel Schreiben und Lernen.

Dasha: Nein, das war es auch nicht! Wir machten viele praktische Übungen und auch Gruppenarbeiten.

Katja: Wie war der zweite Tag?

[...]

Katja: Klingt, als hätte ich was verpasst.

Dasha: Oh ja. Das hast du! In Bonn wurde mir noch einmal verdeutlicht, wie wichtig es ist, sich selbst genau zu kennen und zu wissen, welche Fähigkeiten und Qualifikationen man besitzt und wo man noch an sich selbst arbeiten muss. Die Arbeit dort hat mir großen Spaß bereitet und ich merkte, dass auch das Lernen hilfreich und interessant zugleich sein kann. Ich lernte, wie wichtig Teamwork ist, aber auch, dass man das selbstständige Arbeiten beherrschen muss, da man im Berufsleben auch oft auf sich alleine gestellt ist. Man muss zielstrebig sein, um das zu werden, was man will und dementsprechend auch in und außerhalb der Schule darauf hinarbeiten. Dafür können Praktika von großer Bedeutung sein, denn man weiß ja nie, ob der Arbeitgeber durch den guten Eindruck und die sorgfältige Arbeit im Praktikum jemanden auch für eine Ausbildung einstellt.
Auch für das Bewerbungsgespräch wurden hilfreiche Tipps gegeben. Zum Beispiel: Blickkontakt halten, Jacke ausziehen, auf Fragen vorbereitet sein, entsprechende Kleidung tragen, fester Händedruck.
Aber es wurde auch gesagt, dass Nervosität auch positiv sein kann und dass es dem Arbeitgeber zeigt, dass man sich für den Beruf interessiert.
In meinen Augen hat sich die Seminarfahrt sehr gelohnt. Jetzt bin ich besser auf mein zweiwöchiges Schulpraktikum vorbereitet und bin mir sicherer geworden, was meine Fähigkeiten und Qualifikationen betrifft.

Information
Reflexionselemente

Ein Portfolio ist das persönliche Ergebnis deines Lernens. Wenn du diesen Prozess reflektierst, dann nimmst du dein eigenes Lernen unter die Lupe. Nur so kannst du auf der einen Seite aus Fehlern lernen und dir auf der anderen Seite erfolgreiche Lernwege bewusst machen.

Die Leitfragen auf dieser Seite helfen dir, dein Lernen gezielt zu reflektieren.

Reflexionen werden besonders ertragreich, wenn man seine Erwartungen vor der eigentlichen Arbeit abfragt und sie mit den Erfahrungen vergleicht, die man während der Arbeit gemacht hat. Die Fragen zur Ausgangs- und Abschlussreflexion müssen dabei nie alle beantwortet werden. Sie sollen dir lediglich helfen, bestimmte Aspekte deines Lernprozesses zu beleuchten.

Auf jeden Fall muss zu Beginn der Portfolioarbeit und zum Abschluss des Gesamtportfolios ein reflexiver Text verfasst werden. Sinnvoll ist es zudem, auch für die einzelnen Elemente solche Ausgangs- und Abschlussreflexionen zu verfassen.

Leitfragen zur Ausgangsreflexion:

- Was erwarte ich von der Arbeit?
- Habe ich Bedenken, irgendetwas nicht zu schaffen?
- Was werde ich besonders gerne tun?
- Wo erwarte ich Probleme?
- Was ist mir besonders wichtig?
- Wie will ich an die Arbeit herangehen?
- Mit wem will ich zusammenarbeiten?
- Was will ich lernen?

Leitfragen zur Abschlussreflexion:

- Wie habe ich mich während der Arbeit gefühlt?
- Bin ich zufrieden mit meiner Arbeit?
- Wurden meine Erwartungen erfüllt?
- Wo hatte ich Probleme?
- Wo habe ich Fehler gemacht?
- Welche Textelemente sind mir besonders gelungen?
- Was will ich beim nächsten Portfolio besser machen?
- Was will ich behalten?

Abschlussreflexion **3. März 2008**

Seit dem 09.09.2007 arbeite ich jetzt an meinem Portfolio. Diese Arbeit ist jetzt vorbei, denn das Portfolio wird unsere 5. Klassenarbeit im Fach Deutsch. Die Arbeit mit dem Portfolio hat mir sehr viel Spaß gemacht, weil ich gerne selbstständig arbeite. Dass wir mit dem Computer arbeiten mussten, hat mir die Arbeit erleichtert. In meinem Portfolio ist mir nach meiner Meinung vieles gut gelungen, z. B. die einzelnen Elemente. Ich habe sie sehr ordentlich gestaltet. Meine Schwäche bei dieser Arbeit ist, dass ich Schwierigkeiten hatte, regelmäßig am Portfolio zu arbeiten.

Das Gute an der Portfolioarbeit ist, dass man seine Arbeit zurückverfolgen und an seinen bereits festgestellten Schwächen arbeiten kann.

Stefan Müller

1 Verfasse eine Ausgangsreflexion für ein Portfolio zum Thema „Berufswahl“. Orientiere dich dabei an den Leitfragen.

2 Untersuche, auf welche Leitfragen die Abschlussreflexion eine Antwort gibt.

Arbeitsblatt Reflexionselemente

1 Untersuche beide Texte und notiere deine Ergebnisse.
2 Welche Schlussfolgerungen ziehst du für deine eigenen Reflexionselemente?

1. Stichworte zum Inhalt:

Text A: ______________________________

____

____

Text B: ______________________________

____

____

2. Stichworte zum Aufbau des Textes (Wie viele Abschnitte? Zwischenüberschriften? Hervorgehobene Schlüsselwörter? Informierender Kopf?, ...):

Text A: ______________________________

____

Text B: ______________________________

____

3. Stichworte zum Layout (Rahmen, Kopf, Bilder, Schriftgröße, Schrifttyp, Übersichtlichkeit, ...?):

Text A: ______________________________

____

Text B: ______________________________

____

4. Stichworte zur Bewertung (Was möchte ich für meine Reflexionstexte übernehmen?)

Text A: ______________________________

____

Text B: ______________________________

____

Was möchte ich in meinen Reflexionstexten unbedingt vermeiden?

Text A: ______________________________

____

Text B: ______________________________

____

Information Coverletter

Wahrscheinlich hat dein Lehrer oder deine Lehrerin dir zu Beginn der Portfolioarbeit einen Brief geschrieben, in dem steht, was von dir erwartet wird. So ein Brief wird von Fachleuten „Coverletter" genannt, weil er wie ein „Cover", also ein Umschlag, dein Portfolio einbindet.
Verfasse ein eigenes „Coverletter", mit dem du einen Leser anstelle eines Vorwortes in dein Portfolio einführst. Auf der folgenden Seite findest du Beispiele, mit denen du arbeiten kannst.

Tipps für ein eigenes „Coverletter":

- Stelle dir jemanden vor, an den dein Portfolio adressiert ist. Je konkreter dein Leser, desto leichter fallen dir „Coverletter" und andere kommunikative Textelemente.
- Beschreibe deinem Leser den groben Aufbau deines Portfolios, damit er sich einen Überblick verschaffen kann.
- Erkläre deinem Leser die wiederkehrenden Elemente deines Portfolios, damit er sich besser orientieren kann.
- Weise deinen Leser auf besonders wichtige oder schöne Seiten hin, damit er seine Aufmerksamkeit bewusst darauf lenken kann.
- Erkläre deinem Leser, was er mit diesem Portfolio lernen kann, damit er Klarheit über den Sinn seiner Lektüre findet.

Lieber Schüler, liebe Schülerin der Klasse 9a!

Einen Beruf übt man in der Regel sein ganzes Leben lang aus. Selbstwertgefühl, Unabhängigkeit, Erfolg und Glück hängen in großem Maße davon ab, den richtigen Beruf zu wählen. Die Berufswahl ist die erste ganz große Entscheidung in deinem Leben, die du weitgehend selbstbestimmt treffen musst.
Hierbei versucht die Schule, dich durch den Berufswahlunterricht zu unterstützen. Dem Portfolio im Fach Deutsch kommt dabei eine besondere Bedeutung zu. Denn hier sammelst und reflektierst du deinen Berufswahlprozess.
Außerdem wird dein Portfolio als Klassenarbeit gewertet werden und somit die Deutschzeugnisnote auf deinem Bewerbungszeugnis in starkem Maße mitbestimmen.
Damit dein Portfolio ein Erfolg für dich wird, musst du während der nächsten Monate regelmäßig daran arbeiten. Lege am besten einen Tag pro Woche fest, an dem du dich deinem Portfolio widmest.
Wenn du dann ernsthaft und ordentlich daran arbeitest, dann wird dein Portfolio mit Sicherheit ein Erfolg werden.
Dazu wünsche ich dir Glück, Spaß, Selbstdisziplin und Engagement.

Dein Deutschlehrer
Andreas Müller

PS.: Lass diesen Brief bitte von deinen Eltern unterschreiben.

Beispiel Coverletter

Obwohl du mit einem Coverletter dein Portfolio eröffnest, wird es erst verfasst, wenn alle anderen Portfolioelemente fertiggestellt worden sind.

Text A

Coverletter

Trier, den 04.04.08

Liebe Leserinnen und Leser!

Hiermit möchte ich auf mein Portfolio zum Thema „Berufswahl“ aufmerksam machen und mich bedanken, dass Sie sich entschlossen haben, dieses zu lesen.

Über einen gesamten Zeitraum von einem halben Jahr habe ich mein Portfolio zum Thema „Berufswahl“ angelegt.

Zunächst gibt es zwei verschiedene Teile des Portfolios: die eigenen Elemente (selbst verfasst) und die Materialsammlung (Broschüren, Arbeitsblätter, Flyer, die ich auf Veranstaltungen oder im Unterricht bekommen habe).

Zu den eigenen Texten gehören: Pflichtelemente, freiwillige Elemente, reflexive Elemente und kommunikative Elemente.

Besonders wichtige und schöne Elemente sind das Telefontraining, die Seminarfahrt nach Bonn zum „JOB FIT Berufsbildungstraining“, die Anfangs- und Abschlussreflexion.

Ich hoffe, mein Portfolio gefällt Ihnen, und wünsche viel Spaß beim Lesen.

Johannes Deutsch

Text B

Portfolio – Was ist ein Portfolio?

Brief an Wolfgang

Brief an Wolfgang

Lieber Wolfgang,

heute möchte ich dir gerne erklären, wie ein Portfolio aufgebaut ist und funktioniert. Als Erstes musst du wissen, dass ein Portfolio eine Mappe ist, in der Dokumente (Berichte, Arbeitsblätter etc.) aufbewahrt und zusammengetragen werden. Schon im Mittelalter gab es Portfolios. Viele Künstler und Architekten sammelten in diesen Mappen damals ihre Arbeiten, um sich später damit um Aufträge zu bewerben.

Ich erstelle gerade ein Portfolio zum Thema „Job und Karriere“ im Berufswahlunterricht. Mit dieser Mappe sammle ich Lern- und Arbeitsergebnisse, damit ich irgendwann mal darauf zurückgreifen kann. Doch nicht nur dafür ist sie gut, sondern auch als Vorzeigeportfolio, das ich später einmal Freunden, Lehrern, Eltern und Berufsberatern zeigen kann. Außerdem wird es von meinem Lehrer benotet. Dabei kommt es auf die Qualität der Texte und auf die saubere und regelmäßige Führung meiner Mappe an.

Es ist klar, dass ein Portfolio etwas Komplexeres ist als dein ganz normales Heft und deswegen präsentierst du mit der Mappe nicht nur eine Sache, sondern auch dich. In ihr wirst du auch erzählen, wie du Aufgaben gelöst hast.

Mein Portfolio wird aus Pflichtthemen und Wahlthemen bestehen. Zu den Pflichtthemen gehört das regelmäßige Zusammentragen und Bearbeiten von Texten, Arbeitsblättern und Berichten. Zu den Wahlthemen gehört das, was dich besonders interessiert. Die Berufsfindung steht besonders im Vordergrund und umfasst auch Materialien aus dem Sozialkundeunterricht. Das Bewerbungstraining aus dem Deutschunterricht fließt ebenfalls mit in meine Portfoliomappe ein. Protokolle, Buchbesprechungen, Stellenanzeigen, Bewerbungsschreiben und Praktikumsberichte sind ebenfalls in meiner Mappe zu finden.

Viel Spaß beim Blättern und Lesen.

Nils

Arbeitsblatt Coverletter

1 Untersuche beide Texte und notiere deine Ergebnisse.
2 Welche Schlussfolgerungen ziehst du für dein eigenes Coverletter?

1. Stichworte zum Inhalt:

Text A: ______

______

______

Text B: ______

______

______

2. Stichworte zum Aufbau des Textes (Wie viele Abschnitte? Zwischenüberschriften? Hervorgehobene Schlüsselwörter? Informierender Kopf?, ...):

Text A: ______

______

Text B: ______

______

3. Stichworte zum Layout (Rahmen, Kopf, Bilder, Schriftgröße, Schrifttyp, Übersichtlichkeit, ...?):

Text A: ______

______

Text B: ______

______

4. Stichworte zur Bewertung (Was möchte ich für mein Coverletter übernehmen?)

Text A: ______

______

Text B: ______

______

Was möchte ich in meinem Coverletter unbedingt vermeiden?

Text A: ______

______

Text B: ______

______

Werkzeugkiste „Checklisten“

Hier findest du …
- eine Checkliste, mit der du die Vollständigkeit deines Portfolios überprüfen kannst,
- ein Protokollblatt, mit dem du deine Zeit- und Arbeitsplanung kontrollieren kannst.

Beide Arbeitsblätter kannst du kopieren und ausgefüllt deinem Portfolio beifügen.

Checkliste „Portfolio“

Portfolioelemente	**erledigt**	**Bemerkung**
Deckblatt		
Inhaltsverzeichnis		
Coverletter		
Pflichtthemen		Anzahl: _____
freie Wahlthemen		Anzahl: _____
freie Wahlthemen		Vielfalt: ja/nein
kommunikative Elemente		Anzahl: _____
kommunikative Elemente		Vielfalt: ja/nein
Reflexionselemente		Anzahl: _____
Anfangsreflexion		
Schlussreflexion		
zusätzliche Materialien		

Layout	**ja/nein**	**Bemerkung**
Ist mein Portfolio klar gegliedert?		
Habe ich die einzelnen Elemente einheitlich gestaltet?		
Habe ich Bilder eingefügt?		
Habe ich mit dem Computer gearbeitet?		
Macht meine Mappe einen guten und aufgeräumten Gesamteindruck?		

Prozess	**ja/nein**	**Bemerkung**
Habe ich die Portfolioelemente mit dem Entstehungsdatum versehen?		
Habe ich regelmäßig am Portfolio gearbeitet?		
Habe ich zeitnah am Portfolio gearbeitet?		

Protokollblatt „Arbeits- und Zeitplanung“

Art des Portfolioelementes	**Titel/Überschrift + Entstehungsdatum**	**Reflexionsbemerkung** • **leicht/schwer** • **Problem mit …** • **gelungen ist …**

Bewertungsbogen Klassenarbeit

Portfolio zur Berufswahl

Bewertungsmerkmale	☺	😐	☹
Zu den einzelnen Elementen:			
Hast du die Pflichtthemen vollständig in deinem Portfolio? Anzahl: ______			
Finden sich alle wichtigen Informationen in deinen Pflichtelementen wieder?			
Hast du dein Portfolio um freie Wahlthemen erweitert? Anzahl: ______			
Überzeugt die Qualität der Wahlelemente?			
Ist dein Coverletter gelungen?			
Spiegeln die reflektierenden Texte deine Lernentwicklung glaubhaft?			
Sind deine kommunikativen Texte informativ und adressatenbezogen?			
Wie vollständig ist dein Portfolio insgesamt? Anzahl der Elemente: ______			
Zur Sprache:			
Hast du gut verständliche Texte produziert?			
Hast du dich an die sprachlichen Normen (Rechtschreibung, Zeichensetzung, Grammatik) gehalten?			
Hast du die Seiten ansprechend und klar layoutet?			
Ist dein Portfolio übersichtlich gegliedert?			
Welchen Gesamteindruck macht deine Mappe?			
Zum Lernverhalten:			
Hast du regelmäßig an deinem Portfolio gearbeitet?			

Besonders gut gelungen ist dir ...

____

____

Achte bei deinem nächsten Portfolio besonders auf ...

____

____

1	2	3	4	5	6	Φ	Σ

Datum: ______ **Note:** ______ **Unterschrift:** ______

Leseführerschein

Modul 7 | Portfolioarbeit: Texte lesen – Texte schreiben

Der Schüler / Die Schülerin

Vorname

Name

kann die verschiedenen Lesemethoden anwenden
und die erarbeiteten Informationen
in einem Portfolio dokumentieren.

Er/Sie verfügt über folgende Arbeitstechniken
und Fähigkeiten:

1. Er/Sie kann selbstständig Informationen aus verschiedenen Textsorten erarbeiten.

2. Er/Sie kann Informationen bewerten und in einen größeren Zusammenhang einordnen.

3. Er/Sie kann wichtige Informationen verständlich aufbereiten und weitergeben.

4. Er/Sie kann den eigenen Lernprozess reflektieren.

4. Er/Sie kann ein Portfolio strukturieren und layouten.

Ort, Datum

Unterschrift des Deutschlehrers/
der Deutschlehrerin